绿色物流：理论与实验

金玉然　范广辉　赵洁玉　主编

清华大学出版社
北京

内 容 简 介

本书主要介绍国内外绿色物流的新发展、新探索和新经验，融合绿色物流前沿理论和案例、融入思政育人元素、配套3D虚拟仿真实验和习题，是"理论＋案例＋思政＋实验＋习题"五维一体的特色教材。本书共分为4章，第一章对绿色物流管理、绿色物流系统、物流系统要素的绿色化、绿色物流管理的相关理论与实施措施等进行了介绍，第二章对绿色物流虚拟仿真实验的概况和知识点等进行了说明，第三章详细介绍了绿色物流虚拟仿真实验的操作步骤和相关知识点，第四章提供了相关的实验练习。

本书适合作为各类院校供应链与物流管理等相关专业的教材，也可作为物流从业人员的培训教材。

本书封面贴有清华大学出版社防伪标签，无标签者不得销售。

版权所有，侵权必究。举报：010-62782989，beiqinquan@tup.tsinghua.edu.cn。

图书在版编目(CIP)数据

绿色物流：理论与实验 / 金玉然，范广辉，赵洁玉主编 .—北京：清华大学出版社，2023.7
ISBN 978-7-302-64183-4

Ⅰ.①绿… Ⅱ.①金…②范…③赵… Ⅲ.①物流管理－无污染技术－教材 Ⅳ.① F252

中国国家版本馆 CIP 数据核字 (2023) 第 132867 号

责任编辑：陈　莉
装帧设计：方加青
责任校对：马遥遥
责任印制：曹婉颖

出版发行：清华大学出版社
网　　址：http://www.tup.com.cn，http://www.wqbook.com
地　　址：北京清华大学学研大厦 A 座　　邮　编：100084
社 总 机：010-83470000　　邮　购：010-62786544
投稿与读者服务：010-62776969，c-service@tup.tsinghua.edu.cn
质 量 反 馈：010-62772015，zhiliang@tup.tsinghua.edu.cn

印 装 者：天津安泰印刷有限公司
经　　销：全国新华书店
开　　本：185mm×260mm　　印　张：12.25　　字　数：247 千字
版　　次：2023 年 9 月第 1 版　　印　次：2023 年 9 月第 1 次印刷
定　　价：58.00 元

产品编号：102533-01

编委会

主　　任：黄有方
副 主 任：蒋　浩　郭肇明
主　　编：金玉然　范广辉　赵洁玉
副 主 编：王　微　侯海云　柳　森　宋丹荣
编　　委：刘　然　李俊峰　荆　浩　刘　鹏
　　　　　王　冰　谢　寒　刘　哲　崔丹丹
　　　　　李传博　万　鹏　姜力文　赵　丹
　　　　　罗蓉娟　吴彦艳　杨大鹏　刘小艳

序

现代物流是延伸产业链、提升价值链、打造供应链的重要支撑,在构建现代流通体系、促进形成强大国内市场、推动经济高质量发展、建设现代化经济体系的过程中发挥着先导性、基础性、战略性作用。现代物流的快速发展伴随着大量能源消耗和对环境的负面影响,在此背景下,绿色物流已经成为全球物流行业发展的重要趋势,也是实现可持续发展的必经之路。

我国政府高度重视物流行业绿色低碳和高质量发展。党的十八大以来,随着人民群众对美好生态环境要求的提高、生态文明建设的持续推进、新发展理念的全面贯彻、污染防治攻坚战的深入开展,以及"双碳"战略目标的有力推进,绿色物流得到了前所未有的重视。2014年,国务院印发《物流业发展中长期规划(2014—2020年)》,将大力发展绿色物流作为七项主要任务之一;2020年,中国做出二氧化碳排放力争于2030年前达到峰值,努力争取2060年前实现碳中和的庄严承诺;2021年,国务院印发《2030年前碳达峰行动方案》,明确指出要"加快形成绿色低碳运输方式";2022年,国务院办公厅印发《"十四五"现代物流发展规划》,明确指出要推动绿色物流发展;2022年,教育部印发《加强碳达峰碳中和高等教育人才培养体系建设工作方案》,进一步强调"加强绿色低碳教育,推动专业转型升级,加快急需紧缺人才培养"。

《绿色物流:理论与实验》响应了国家和社会对我国绿色物流人才的培养要求,实现了理论与实验教学的深度融合,提升了学生的绿色物流实践能力。希望本书在培养学生的可持续发展理念和实践应用能力方面起到积极的推动作用,助力我国物流行业高质量发展。

中国物流与采购联合会副会长
中国物流学会会长
任豪祥
2023年7月

前　言

物流行业产生的污染已经成为环境污染的主要来源之一。随着全球经济的发展，物流行业已成为国民经济的重要组成部分，然而物流行业造成的环境污染问题也日益凸显。例如，物流行业使用的传统化石能源导致二氧化碳等温室气体排放增加，加速全球气候变暖；运输等过程中会产生废气、废水和颗粒物等有害物质；车辆行驶或货物的装卸与搬运会产生噪声污染，影响人们的身心健康；流通加工等环节产生的固体和液体废弃物，货物储存过程中使用的一些化学物质会污染土壤和水体；一些包装材料难以降解，会对生态平衡造成破坏。

在此背景下，绿色物流开始快速兴起。绿色物流是通过充分利用物流资源、采用先进的物流技术，合理规划和实施运输、储存、装卸、搬运、包装、流通加工、配送、信息处理等物流活动，降低物流活动对环境影响的过程。作为一种新型物流模式，绿色物流不仅有助于实现企业和社会的可持续发展目标，还可以提高企业竞争力和社会形象。因此，绿色物流已经成为我国物流业发展的重要趋势，绿色物流人才正在成为物流业发展的核心资源。然而，我国绿色物流领域人才培养的教学资源十分匮乏，相关理论教材较少，基于此背景，我们编写了一部有关绿色物流理论与实验的前沿教材，介绍国内外绿色物流的新发展、新探索和新经验。与此同时，我们还体会到绿色物流是一门实用性比较强的学科，仅仅停留在理论学习上无法满足学习者提升实战能力的需要。当前，我国绿色物流企业仍然较少，无法满足大量学生的实践教学需求(缺乏实习企业)；在已经实施绿色物流的少数企业中，也很少能解决全部物流污染问题(缺乏实习环境)；在实习过程中，由于物流人机运营环境繁杂，往往有较高的安全风险(实习风险较大)。因此，学生实习实践明显受到时空限制和条件限制，导致学生实习机会少、成本高、风险大、效果不佳。综上，我们联合京东物流等多家企业，历时三年联合开发了一个填补国内外空白的大型综合性绿色物流虚拟仿真实验系统。该实验系统基于虚实结合、以虚补实的原则，3D仿真一家大型传统物流企业，实验者从物流经理的视角，根据国家标准《绿色物流指标构成与核算方法(GB/T 37099—2018)》等，一站式诊断运输、包装、噪声、绿地、水系统、废弃物、能源等20余种物流污染问题，并对传统设备和业务进行绿色化替换，对大气污染、温室气体排放

(含碳排放)、路径优化等关键问题进行人机交互测算。实验者可在两种3D场景下完成整个实验:"实验训练"场景,对传统物流企业进行绿色化改造训练,体验环保型物流企业的运营;"实验考核"场景,检验实验者对传统物流企业进行自主决策下的绿色化改造效果。

  综合以上情况,我们开发了这本融合绿色物流前沿理论和案例、融入思政育人元素、配套3D虚拟仿真实验和习题的"理论+案例+思政+实验+习题"五维一体的特色教材。希望本书的出版能够帮助相关人员更好地理解绿色物流的概念、原理、价值和实施措施,提高从业者的实际操作能力,推动我国绿色物流的应用和普及,帮助院校和用人单位培养"知环保、懂管理、能践行"的绿色物流急需紧缺人才,为我国物流行业的可持续发展做出贡献。

  限于编者的学识和经历,书中难免存在不足之处,敬请读者批评指正。

  欢迎关注绿色物流的各界人士加入面向全国的"绿色物流人才培养虚拟教研室"(读者可填写本书后附的课程资源申请表申请加入),共同打造我国绿色物流领域的一流"教学共同体"和"政产学研用"育人平台。

金玉然

2023年7月7日

目 录

第一章
基础理论 …………………………………………………………… 1

第一节　绿色物流管理概述 ………………………………………… 2
一、绿色物流管理的产生 …………………………………………… 2
二、开展绿色物流管理的意义 …………………………………… 11
三、绿色物流管理的战略价值 …………………………………… 14
四、绿色物流管理在国内外的发展现状 ………………………… 15

第二节　绿色物流系统概述 ………………………………………… 36
一、绿色物流系统的要素 ………………………………………… 36
二、绿色物流系统的特征 ………………………………………… 38
三、绿色物流系统的设计目标和原则 …………………………… 40

第三节　物流系统要素的绿色化 …………………………………… 41
一、包装的绿色化 ………………………………………………… 41
二、运输的绿色化 ………………………………………………… 47
三、仓储的绿色化 ………………………………………………… 58
四、装卸与搬运的绿色化 ………………………………………… 59
五、流通加工的绿色化 …………………………………………… 60
六、配送的绿色化 ………………………………………………… 61
七、物流信息的绿色化 …………………………………………… 62
八、绿色物流的综合举措 ………………………………………… 63
九、绿色物流管理要素的绿色化指标体系 ……………………… 64

第四节　绿色物流管理的相关理论与实施措施 …………………… 65
一、基于产品生命周期的绿色物流 ……………………………… 65
二、逆向物流 ……………………………………………………… 70
三、绿色供应链 …………………………………………………… 72
四、绿色物流管理措施 …………………………………………… 79

第二章 实验认知 85

第一节 实验概况 86
一、实验简介 86
二、实验原理 86
三、实验方法 87
四、实验要求 88

第二节 知识点 89

第三章 实验操作 91

第一节 实验平台登录与准备 92
模块一：学习核心知识 93
模块二：认知22种绿色物流核心设备 94

第二节 绿色化替换决策训练 95
模块三：诊断固体废弃物 97
模块四：诊断液体污染物 98
模块五：诊断光系统 100
模块六：诊断噪声污染 101
模块七：诊断粉尘污染 102
模块八：诊断绿地率 103
模块九：诊断雨水循环系统 105
模块十：诊断流水线包装 107
模块十一：诊断胶带使用情况 112
模块十二：诊断纸箱与油墨污染 114
模块十三：诊断发票 116
模块十四：诊断缓冲物 117
模块十五：诊断物流面单 120
模块十六：诊断打包方式 123
模块十七：诊断清洁能源自动化智能设备使用情况 124
模块十八：诊断管理措施 133
模块十九：诊断托盘化集装情况 135
模块二十：诊断逆向物流 137

　　　　模块二十一：诊断建筑能源管理····································143

第三节　大气污染与温室气体排放测算训练·······················147
　　　　模块二十二：诊断叉车类型··147
　　　　模块二十三：测算与分析物流温室气体排放和物流大气污染·····148

第四节　运输路径优化与碳排放测算训练···························152
　　　　模块二十四：运输路径优化训练·································152
　　　　模块二十五：碳排放测算训练····································156
　　　　模块二十六：诊断其他绿色物流手段····························163

第五节　实验考核··166
　　　　模块二十七：考核并提交线上实验成绩····························166
　　　　模块二十八：提交实验报告··167
　　　　模块二十九：提交总成绩···167

第六节　实验结论··168
　　　　模块三十：实验主要结果与结论···································168

第四章
实验练习···173

参考文献···185

第一章
基础理论

第一节　绿色物流管理概述

第二节　绿色物流系统概述

第三节　物流系统要素的绿色化

第四节　绿色物流管理的相关理论与实施措施

第一节　绿色物流管理概述

一、绿色物流管理的产生

绿色物流是指在物流过程中抑制物流对环境造成危害的同时，实现对物流环境的净化，使物流资源得到最充分利用。随着社会的发展，资源枯竭、环境污染、气候变暖等问题凸显，环境对人类生存和发展的影响越来越大，人们对环境的利用和保护越来越重视。现代物流的发展必须优先考虑环境问题，需要从环境角度对物流体系进行改进，即需要形成一个与环境共生型的物流管理系统。这种物流管理系统建立在维护全球环境和可持续发展的基础上，改变原来经济发展、消费生活对物流的单向作用关系，在抑制物流对环境造成危害的同时，形成一种能促进经济与消费健康发展的物流体系，即向绿色物流转变。因此，现代绿色物流管理强调全局和长远的利益，强调对环境的全方位关注，体现了企业的绿色形象，是一种新的物流管理趋势。

(一) 现代物流对环境的影响

我国国家标准《物流术语(GB/T 18354—2021)》指出，物流是根据实际需要，将运输、储存、装卸、搬运、包装、流通加工、配送、信息处理等基本功能实施有机结合，使物品从供应地向接收地进行实体流动的过程。

实施物流管理的目的是在尽可能低的总成本条件下实现既定的客户服务水平，即寻求服务优势和成本优势的一种动态平衡，并由此创造企业在竞争中的战略优势。根据这个目标，物流管理要解决的基本问题，简单地说，就是把合适的产品以合适的数量和合适的价格在合适的时间、合适的地点提供给客户。

物流活动会对环境产生一定的影响，下面主要介绍运输、储存、装卸、包装、流通加工、信息处理等活动对环境的影响。

1. 运输对环境的影响

运输是使商品发生场所、空间移动的物流活动，是物流活动中最主要、最基本的活动。运输对环境的影响体现在以下几个方面。

1) 空气污染

运输过程中，使用传统能源的汽车、货车、飞机和轮船等交通工具会排放大量尾气，其中包含二氧化碳、一氧化碳、氮氧化物、硫氧化物、挥发性有机物等有害物质。这些尾气会污染空气，加剧全球变暖。

2) 水体污染

水路运输中，船舶溢油事故产生的溢油或船只排放的废水可能会直接进入海洋或河流中，造成水体污染，导致水生动植物的死亡。世界上80%～90%的货物是通过海运运输的，据估算，集装箱船每年向空气中排放约10亿吨二氧化碳，约占所有温室气体排放量的3%。此外，在陆地上行驶的交通工具也可能泄漏燃料或其他液体，使得土壤和水体受到污染。

3) 噪声污染

交通工具在行驶时会产生噪声，长期暴露于噪声环境下对人类健康不利，并且会扰乱动植物的生物节律。

4) 能源消耗

运输需要消耗大量能源，包括石油、天然气、电力等，其采集、储存和使用都可能对环境造成负面影响。

5) 生态破坏

为了建设交通基础设施和开辟新的运输路线，往往需要大规模地砍伐森林、填海造陆等。这些活动会对生态环境造成严重影响，并可能导致物种灭绝和生态系统崩溃。

此外，物流管理活动的变革，如集中库存和即时配送，也对环境造成了影响。

(1) 不合理的货运网点及配送中心布局，导致货物迂回运输，增加了车辆燃油消耗，加剧了废气污染和噪声污染；过多的在途车辆增加了对城市道路面积的需求，加剧了城市交通的阻塞。

(2) 集中库存虽然能有效地降低企业的物流费用，但由于产生了较多的运输，从而增加了燃料消耗和对道路面积的需求。

(3) 准时制配送指将所需的货物在客户指定的时间以指定的数量送达指定地点的配送方式。准时制配送强调无库存经营，从环境角度看，准时制配送适用于近距离企业间的输送。如果供应商与生产商之间距离较远，要实施准时制配送就必须大量利用公路网，使货运从铁路转到公路，这样又增加了燃油消耗，带来空气污染、噪声污染等，从而使环境遭到破坏。

2. 储存对环境的影响

储存有商品储藏管理的意思，储存的主要设施是仓库。储存活动对环境的影响主要体现在以下4个方面。

1) 能源消耗

储存需要使用一定的能源,如电力、燃料等,这些能源的使用会导致温室气体的排放,从而对气候产生影响。

2) 空气污染

在物品储存过程中,对其进行养护时可能采用一些化学方法,如喷洒杀虫剂,会对周边生态环境造成污染。易燃、易爆、化学危险品,由于储存不当而发生爆炸或泄漏,也会对周边空气环境造成污染和破坏。

3) 土壤和水源污染

储存场地的废水、废液和废气等可能会对土壤、水源等造成污染,影响周围的自然环境。易燃、易爆、化学危险品,由于储存不当而发生爆炸或泄漏,也会对周边土壤、水源环境造成污染和破坏。对于特种仓库,有的物品闪点很低,极易燃烧,如汽油、酒精;有的化学物质爆炸极限的最低值很小,如氢气(H_2);有的物质在空气温度较高时可以发生自燃,如黄磷;有的物质遇水或潮湿空气能发生化学反应,产生可燃气体,并引起燃烧或爆炸,如金属钠(Na)、金属钾(K)、氢化钾(KH)、氢化钠(NaH)等。特种仓库一旦发生事故,会带来巨大的损失,甚至会导致灾难。因此,特种仓库需要严格、科学、高度负责地进行管理,保证其安全性。

4) 噪声污染

储存活动可能会产生噪声,如果噪声超过法定限值,可能会对周围居民产生影响。

3. 装卸对环境的影响

装卸是跨越运输和物流设施而进行的,发生在输送、保管、包装前后的商品取放活动。装卸对环境的影响主要体现在以下5个方面。

1) 噪声污染

装卸作业通常需要使用各种工具和设备,如叉车、起重机等,长期的噪声污染会影响周围居民和员工的健康。

2) 空气污染

装卸作业中使用的车辆或设备会产生废气、烟雾和粉尘等有害物质,这些物质如果处理不当或被排放到空气中,则会造成空气污染。

3) 水体污染

装卸过程中可能会产生废水、油漆溶剂等有害物质,如果排放不当,就会对周围水环境造成污染和破坏。

4) 垃圾和废弃物

装卸过程中产生的垃圾和废弃物也会对环境造成污染。

5) 土地资源浪费

一些企业为了方便货运而建立大型仓库和停车场，往往需要消耗大量城市土地资源。此外，在一些没有规划好的区域进行装卸也容易导致土地资源浪费问题。

4. 包装对环境的影响

包装是指在商品输送或保管过程中，为保证商品的价值和形态而从事的物流活动。物流包装对环境的影响主要体现在以下7个方面。

1) 能源消耗

物流包装需要使用大量的原材料和能源，如木材、纸张、塑料等。这些资源的采集和加工过程中会产生大量废气、废水和固体废弃物，严重影响环境。物流包装需要大量能源来生产、运输和处理，这些过程中会产生大量二氧化碳等温室气体。

2) 废弃物排放

一些物流包装使用后会成为废弃物，如果没有得到妥善处理就可能造成环境污染。例如，无法降解的塑料袋、泡沫箱等一次性包装材料会在自然界中长期存在并且对野生动植物造成危害。

3) 资源浪费

许多物流包装只用于短时间内的保护和运输，并不具有再利用价值。这种情况下，资源浪费就会增加。

4) 包装运输

包装产品需要通过各种交通方式进行运输，在这个过程中也会产生大量二氧化碳等有害气体。

5) 消费者行为

许多消费者习惯于购买过度包装的商品，并将其扔掉或回收。这种行为不仅浪费了资源，还增加了垃圾处理的负担。

6) 油墨污染

物流包装上的油墨对环境有负面影响，会污染土壤和水源。油墨中含有大量有害物质，如重金属、有机溶剂等，这些物质容易渗入土壤和水源中，从而对环境造成污染。油墨生产和使用过程中会排放大量有害气体和颗粒物，如挥发性有机物、氮氧化物等，这些物质会对空气质量产生不良影响。另外，油墨污染会破坏土壤和水中微生物的生存环境，从而影响生物多样性。油墨生产还需要消耗大量的能源，如电力、燃料等，其生产和使用会对环境产生不良影响。

7) 空间占用

仓库里和货车上堆积的大量空盒子、纸板箱等容器也会占据很多空间,导致土地资源紧张。

5. 流通加工对环境的影响

流通加工是指为完善使用价值和降低物流成本,对流通领域的商品进行的简单加工。流通加工具有较强的生产性,会造成一定的物流停滞,增加了管理费用。不合理的流通加工方式会对环境造成负面影响,主要体现在以下6个方面。

1) 能源消耗

流通加工中的机械设备和运输工具等通常需要使用大量能源,如电力、燃料等,这些设备和工具的使用效率低下,会导致能源浪费和环境污染,会导致二氧化碳等温室气体排放增加,进而引发全球变暖和气候变化。流通加工中心选址不合理,也会造成费用增加和有效资源的浪费,还会因增加了运输量而产生新的污染。

2) 包装垃圾

流通加工需要大量的包装材料,如塑料、纸张、木材等,这些包装材料会产生大量的固体废物,对环境造成严重的污染。

3) 废气和废水排放

流通加工过程中产生的废气和废水含有大量的有害物质,如二氧化碳、氮氧化物、硫化物、重金属等,会对空气和水质造成污染。

4) 水资源消耗

流通加工过程中的活动,如清洗、冷却等,需要用到大量的水资源,如果没有有效地回收、利用废水,就会造成水资源浪费和污染。

5) 资源浪费

流通加工通常需要大量的原材料和能源,如果技术和管理不当,则会导致资源浪费,这种浪费会对环境造成不可逆转的损害。

6) 土地资源浪费

为了进行流通加工活动,需要建设厂房、仓库等,并且还需要运输货物。这些都需要占用土地资源,并可能导致土地退化和生态系统被破坏。

6. 信息处理对环境的影响

信息处理是通过收集与物流活动相关的信息,使物流活动有效、顺利地进行。信息本身对环境并没有直接影响,但是信息的处理过程会对环境产生影响,主要体现在以下3个方面。

1) 能源消耗

物流信息的储存、传递和处理需要消耗大量的能源，如电力、燃料等，存在能源消耗，这些能源的消耗会产生大量的温室气体，导致气候变化。数据存储设备的制造和处理过程也会产生大量的污染物。

2) 产生电子废弃物

电子物流信息极大地依赖计算机、通信设备、打印机、复印机等电子产品，这些设备在使用寿命结束后将被废弃，产生大量的废弃电子产品。电子废弃物的处理需要消耗大量的能源和资源，同时也会产生大量的污染物，对环境造成负面影响。

3) 空气和水污染

许多物流信息设备，如服务器等，需要长时间运行，这会产生大量的二氧化碳、氮氧化物等有害物质，可能对空气造成污染；部分物流信息或者数据中心存在使用冷却水源的情况，这也可能对水资源造成一定的污染。

(二) 绿色物流与绿色物流管理的含义

1. 绿色物流

绿色物流最早可以追溯到20世纪初。当时，人们开始关注工业化和城市化带来的环境问题，并开始提出环保理念。随着经济的快速发展和环境问题的日益突出，从20世纪60年代开始，人类的环境保护意识进一步增强，绿色物流理念逐渐兴起。70年代，欧洲开始出现绿色物流的概念。当时，欧洲一些国家开始推行环保政策，鼓励企业采取可持续发展的措施，这也促进了绿色物流的发展。70年代末期，环保运动在全球范围内逐渐兴起，物流作为一个能耗大、排放量高的行业，开始受到人们更多关注，绿色物流的概念也逐渐形成。1979年，美国的J.F. Coyle和E.J. Bardi发表了一篇名为"Green Logistics: The Motor Carrier's Role"的论文，这是绿色物流的早期研究之一。1984年，我国的徐建中发表了一篇名为《环保物流现代化——保障经济发展之路》的论文，这是中国最早提出环保物流概念的文章之一。这篇论文标志着中国绿色物流的发展迈出了重要一步，为后来中国绿色物流的发展奠定了基础。1990年，法国的Hervé Mathieu-Bachelot在其博士论文中对绿色物流进行了定义，指出绿色物流是在物流过程中减少环境影响的一系列措施，包括使用更环保的运输方式、优化运输路线、减少能源消耗、降低废弃物和污染物排放等。1994年，德国的Hartmut Stadtler和Christoph Kilger发表了论文"Green Logistics: An Interdisciplinary Approach"，提出了绿色物流的概念、内涵和相关的管理方法。1995年，美国的Haw-Jan Wu和Steven C. Dunn发表论文"Environmentally Responsible Logistics Systems"，指出绿色物流就是对环境负责的物流系统,包括从原材料的获取、产品生产、包装、运输、仓储直至送达最终用户手中的正向物流过程的绿色化,还包括废弃物回收与处理的逆向物流过程的绿色化。1996年,英国的Alan McKinnon发表了一篇名为"Green Logistics: A Sustainable Supply Chain Perspective"的论文,提出了绿色物流的可持续性概念和相关的实践方法。上述研究都是绿色物流领域的早期代表性研究成果,为绿色物流的发展奠定了基础。

我国国家标准《绿色物流指标构成与核算方法(GB/T 37099—2018)》中指出,绿色物流(green logistics)是通过充分利用物流资源、采用先进的物流技术,合理规划和实施运输、储存、装卸、搬运、包装、流通加工、配送、信息处理等物流活动,降低物流活动对环境影响的过程。

综合国内外学者的观点,本书认为,绿色物流的最终目标是可持续发展,绿色物流的行为主体包括公众、政府及供应链上的全体成员,绿色物流的活动范围覆盖产品的全生命周期。绿色物流以降低物流对环境的污染、减少物流对资源的消耗为主要目标,利用先进的物流技术规划和实施运输、储存、装卸、包装、流通加工等物流活动,以有效、快速地实现绿色商品和服务的流动。绿色物流的目标不同于一般的物流活动。一般物流活动的最终目标是追求某一主体经济利益最大化,通过实现物流企业的盈利、满足客户需求、扩大市场占有率来获取,而绿色物流在上述经济利益目标的基础上,还追求节约资源、保护环境这一具有经济和社会双重属性的目标。绿色物流是一个多层次的概念,既包括企业的绿色物流活动,又包括社会对绿色物流活动的管理、规范和控制。从绿色物流活动的范围来看,绿色物流既包括单项的绿色物流作业(如绿色运输、绿色包装、绿色流通加工等),还包括为实现资源再利用而进行的废弃物流。综合来看,绿色物流的活动范围覆盖产品的全生命周期,包括原材料采购、生产、包装、运输、仓储、销售、消费及最终处理等环节,目的是在降低物流行为对环境的负面影响的同时,提高资源利用效率和促进节能减排,实现可持续发展。

2. 绿色物流管理

绿色物流管理就是将环境保护的观念融于企业物流经营管理之中,它涉及企业供应链管理的各个层次、各个领域、各个方面和各个过程,要求企业在供应链管理中时时处处考虑环保、体现绿色。绿色物流管理思想可概括为5R原则,主要内容如下。

(1) 研究(research),即将环保纳入企业的决策要素,重视研究企业的绿色对策。

(2) 削减(reduce),即采用新技术、新工艺,减少或消除有害废弃物的排放。

(3) 再开发(reuse),即变传统产品为环保产品,积极引入"绿色标志"评价体系。

(4) 循环(recycle),即对废旧产品进行回收处理,循环利用。

(5) 保护(rescue),即积极参与社区的环境保护活动,对员工和公众进行绿色宣传，树立企业形象。

企业实施绿色物流管理的主要目标如下：

第一，物质资源利用的最大化，通过集约型的科学管理，使企业所需要的各种物质资源得到最有效、最充分的利用，使单位资源的产出达到最大、最优；

第二，废弃物排放的最小化，通过实行以预防为主的措施和全过程控制的环境管理，使生产经营过程中的各种废弃物最大限度地减少；

第三，满足市场需要的产品绿色化，根据市场需求，开发对环境、对消费者环保的产品。

第四，推动绿色供应链管理，从原材料采购到产品制造及销售，着眼于整个供应链上下游，减少不必要的资源浪费，降低环境污染。

(三) 绿色物流管理的理论基础

1. 可持续发展理论

可持续发展指既满足当代人的需要，又不对后代人满足其需要的能力构成危害。可持续发展的基本内容包括以下五点：

(1) 发展是重点；

(2) 发展经济与环保，使之构成一个有机整体；

(3) 应建立一个合理、有效的经济和政治运行机制；

(4) 人们的自身发展需要与资源、环境的发展相适应，应放弃传统的生产方式与生活方式；

(5) 树立全新的生态文明观念。

由于物流过程中不可避免地会消耗能源和资源，产生环境污染，因此，为了实现长期、可持续发展，必须采取各种措施来维护自然环境。现代绿色物流管理正是依据可持续发展理论，形成了物流与环境之间相辅相成的推动和制约关系，进而促进了现代物流的发展，达到绿色与物流的共生。

2. 生态经济学理论

生态经济学是研究再生产过程中，经济系统与生态系统之间的物流循环、能量转化、价值增值规律及其应用的科学。物流是社会再生产过程中的重要一环，物流过程中不仅有物质循环利用、能源转化，而且有价值的转移和价值的实现。因此，物流涉及经济与生态环境两大系统，理所当然地架起了经济效益与生态环境效益之间彼此联系的桥梁。

经济效益涉及目前和局部的更密切相关的利益，而环境效益则关系更宏观和更长远的利益。经济效益与环境效益是对立统一的。后者是前者的自然基础和物质源泉，而前者是后者的经济表现形式。

然而，传统的物流管理没有处理好两者的关系，过多地强调了经济效益，而忽视了环境效益，导致社会整体效益的下降。现代绿色物流管理的出现较好地解决了这一问题。绿色物流以经济学的一般原理为指导，以生态学为基础，对物流中的经济行为、经济关系和规律，以及物流与生态系统之间的相互关系进行研究，以谋求在生态平衡、经济合理、技术先进条件下的生态与经济的最佳结合及协调发展。

3. 生态伦理学理论

人类所面临的生态危机迫使人们不得不反思自己的行为，不得不承担受人类对生态环境的道德责任，这就促使了生态伦理学的产生和发展。生态伦理学是从道德角度研究人与自然关系的交叉学科，它根据生态学揭示的自然与人相互作用的规律性，以道德为手段，从整体上协调人与自然环境的关系。

生态伦理迫使人们对物流活动导致的环境问题进行深刻反思，从而使人产生一种强烈的责任心和义务感。为了子孙后代的切身利益，为了人类更健康、更安全地生存与发展，人类应当维护生态平衡。这是人类不可推卸的责任，是人类之于自然所应尽的义务。现代绿色物流管理正是从生态伦理学角度取得了道义上的支持。

(四) 绿色物流管理的行为主体

近年来的研究结果表明，20世纪90年代兴起的对环境问题的重视不仅拓宽了物流的范围，而且改变了各层次的物流管理部门和管理人员的工作方式，甚至对政府政策的制定也产生了影响。环境问题已成为公众、政府长期关注的焦点，也是企业管理者必须面对的问题。因此，政府、企业及代表社会的广大公众构成了绿色物流系统运行过程中的行为主体，成为绿色物流战略实施和发展的推动力量。

1. 政府是绿色物流系统中的发起者与组织者

政府是绿色物流系统中的发起者与组织者。因此，政府部门应当负责物流硬件设施和物流基础服务平台的运作管理、信息管理、环境管理及相关物流技术的提供。其中，运作管理包括对该物流系统所涵盖的行为主体的管理及日常事务管理，当然也应包括今后的政策制度监督与管理。信息管理主要是准确、实时地发布信息，只有准确、及时的信息处理才能正确地整合社会资源，使各个行为主体的利益得到保障。发布的信息包括货运信息、车辆信息、交通信息、政策信息等。环境管理是通过各种手段来协调现代物流发展与环境保护的关系，处理物流各部门、各企业集团与社会公众的有关环境问题的关系，创造一个新的物流生态系统。

此外，政府部门还可以通过制定各种环保法规和政策等手段实现监督与控制，将节约能源、保护环境的要求制度化。政府通过开展绿色物流的宣传教育，针对物流中的经济主体——工商企业、物流企业及末端消费者，大力宣传绿色物流的内涵和意义，也有利于促进绿色物流战略的全面实施和快速发展。

2. 企业是绿色物流系统中的直接实施主体

在物流市场中，最大的需求来自工商企业，物流的提供方也是生产企业自身或第三方物流企业，所以企业物流是全社会物流系统的最重要组成部分。企业物流的绿色化是企业绿色战略的重要组成部分，它不仅能改善企业本身经营活动对环境的影响，而且还能推动企业产品所在的供应链的绿色化，进而推动全社会物流系统的绿色化。因此，企业是绿色物流的直接实施者，是可持续发展战略的最核心的行为主体。没有工商企业的行动，一切环境保护计划都将无法实施。绿色物流系统为企业实施"绿色"战略提供了广阔的空间，企业可以在平等、公正的"绿色"环境下进行物流活动，实现有效的竞争，从而有效提高资源的利用率，形成良性竞争。

3. 社会公众是绿色物流系统中的推动者

公众的绿色意识及其相应的行为对环境保护计划的全面开展具有特别重要的意义，对绿色物流战略的实施同样具有不可替代的推动作用。坚持绿色消费方式的公众更愿意购买有利于生态环境的产品或服务。可以说，正是公众的绿色消费观念，促使企业积极、主动地提供绿色产品、绿色包装和绿色服务。对于物流企业来说，物流系统的绿色化将为企业赢得良好的绿色声誉，从而得到广大公众的认可，赢得更多的客户。

二、开展绿色物流管理的意义

(一) 绿色物流管理是可持续发展的必然要求

现代物流活动的诸多方面已经对环境造成了负面影响，而且这种影响随着经济的发展正在加剧，不可避免地会对社会经济的可持续发展产生消极影响。在社会文明程度日益提高的今天，经济的发展必须建立在维护地球生态平衡的基础上。当代人对资源的开发和利用必须有利于下一代人对资源的维护和持续利用，为了实现长期、可持续的发展，必须采取各种措施来保护自然环境。

可持续发展的原则之一，就是使今天的商品生产、流通和消费不至于影响未来商品的生产、流通和消费。将这一原则应用于现代物流管理活动中，就是从环境保护的角度对现代物流体系进行研究，形成一种与环境共生的综合物流系统，改变原来经济发展与物流之间的单向作用关系，抑制物流对环境造成的危害，同时又要形成一种能促进经济和消费健康发展的现代物流系统。这就产生了"绿色物流"这一全新的概念。

绿色物流是可持续发展的一个重要环节，它与绿色制造、绿色消费共同构成了一个节约资源、保护环境的绿色经济循环系统。绿色制造(又称清洁制造)是制造领域的研究热点，是指以节约资源和减少污染的方式制造绿色产品，是一种生产行为；绿色消费是从满足生态需要出发，以有益健康和保护生态环境为基本特征的消费行为。绿色物流与绿色制造、绿色消费之间是相互渗透、相互作用的。绿色制造是实现绿色物流和绿色消费的前提，绿色物流可以通过流通对生产的反作用来促进绿色制造，通过绿色物流管理来满足和促进绿色消费。

(二) 绿色物流管理是降低经营成本的重要路径

绿色物流的成本因企业所在行业、规模、所处区域和所采用的绿色物流策略等因素而异。短期内，实施绿色物流可能会导致一定程度的成本增加，主要原因是绿色物流需要使用更环保、更节能的运输方式和设备，而且实施环境保护措施也需要投入一定的费用。例如，采用电动车或混合动力车替代传统燃油车可以减少碳排放量，但这些车辆价格较高；使用可降解材料制作包装箱更环保，但比普通纸箱成本高等。然而，长期来看，绿色物流实际上可以带来经济效益，通过减少能源消耗和废弃物处理成本等节约了资源和费用。新能源的使用成本也具有一定的价格优势。厦门市的一款新能源车的数据分析显示，每天行驶里程为100~150千米时，新能源车明显比普通燃油车节省成本；综合购车成本、维修保养和保险费用，燃油车每月成本为8675元，新能源车每月花费5873元，每辆新能源车每月可节省2802元，成本下降32.3%。另外，世界多国政府为了鼓励企业绿色发展陆续出台了一系列财政支持政策，如税收优惠、贷款支持、行驶许可等，降低了企业的绿色物流实施成本。而且，绿色物流的碳减排量可以通过碳交易机制使企业获益。消费者对绿色物流的要求不断上升，由此带来的企业收益也会抵消部分绿色物流成本。

(三) 绿色物流管理更有利于全面满足人民日益增长的物质文化需要

物流作为生产和消费的中介，是满足人民日益增长的物质文化需要的基本环节。而绿色物流则是伴随人民生活水平的进一步提高，尤其是绿色消费的提出应运而生的。绿色产品如果没有绿色物流的支撑，就难以实现其最终价值，绿色消费也就难以进行。同时，不断提高的物质文化生活水平，意味着生活的电子化、网络化和连锁化，电子商务、网上购物、连锁经营无不依赖绿色物流的发展，可以说没有绿色物流，就没有人类休闲、自在的生活空间。

(四) 绿色物流管理是企业取得新的竞争优势的有效途径之一

日益严峻的环境问题和日益严厉的环保法规，使得企业为了持续发展必须积极解决经济活动中的环境问题，改变不利于企业生存和发展的生产方式，建立并完善绿色物流体系，通过绿色物流获得高于竞争对手的相对竞争优势。哈佛大学Nazli Choucri教授深刻阐述了对这一问题的认识："如果一个企业想在竞争激烈的全球市场中有效发展，它就不能忽视日益明显的绿色信号，继续像过去那样经营……对各个企业来说，接受这一责任并不意味着经济上的损失，因为符合并超过政府和绿色组织对某一工业的要求，能使企业减少物料和操作成本，从而增强其竞争力。实际上，良好的绿色行为恰似企业发展的马达而不是障碍。"当企业使用可持续供应链和绿色物流时，它们不仅对客户更具吸引力，而且对企业合作伙伴也更具吸引力。《哈佛商业评论》最近的一项研究发现，全球最大的跨国公司正在使用联合国全球契约组织(United Nations Global Compact)或碳披露项目(Carbon Disclosure Project)的供应链计划来评估其供应商的可持续性和环境影响水平。反过来，供应商也渴望与最大的品牌合作，并正在进行投资，以减少碳排放。

(五) 实施绿色物流管理是法律法规的必然要求

随着社会和经济的发展，世界上的资源日益紧缺，同时，环境污染进一步加剧，为了实现社会与经济的可持续发展，许多国际组织和国家相继制定并出台了一系列与环境保护相关的协议、法规和法律体系，如《蒙特利尔议定书》(1987年)、《里约环境与发展宣言》(1992年)、《工业企业自愿参与生态管理和审核规则》(1993年)、《贸易与环境协定》(1994年)、《京都议定书》(1997年)、《哥本哈根协议》(2009年)、《中华人民共和国环境保护法》(2014年)、《中共中央 国务院关于全面加强生态环境保护 坚决打好污染防治攻坚战的意见》(2018年)、国家市场监督管理总局等九部门印发的《关于印发建立健全碳达峰碳中和标准计量体系实施方案的通知》(2022年)、国家邮政局印发《关于推动邮政快递业绿色低碳发展的实施意见》(2023年)等，这些法律法规都要求产品的生产商和服务商等对环境污染负相应的责任，并且采取相应的措施，否则将受到法律的严厉制裁。

三、绿色物流管理的战略价值

绿色物流管理不仅对环境保护和经济的可持续发展具有重要的意义,还会给企业带来巨大的经济效益。实践证明,绿色物流是有价值的,这种价值不仅体现在概念层次上,还体现在实实在在的经济效益上。

(一) 绿色物流管理的社会价值

绿色物流首先表现为一种节约资源、保护环境的理念。因此,实施绿色物流管理是一项有利于社会经济可持续发展的战略措施。对企业而言,实施物流绿色化管理战略,将给企业带来明显的社会价值,包括良好的企业形象、企业信誉等。

企业伦理学理论指出,企业在追求利润的同时,还应努力树立良好的企业形象、企业信誉,履行社会责任。履行社会责任虽然仅仅是一种概念层次的价值,但却能直接影响企业的实际经济价值,因为良好的社会形象能给企业提供新的经济机遇和市场竞争优势。这也是很多跨国公司非常关注公益事业、关注社会问题的根本原因。

绿色物流管理给企业带来的社会价值具体表现在以下两个方面:首先,实施绿色物流管理将企业推向了可持续发展的前沿,这有助于企业树立良好的企业形象,赢得公众信任;其次,实施绿色物流管理的企业更容易获得一些绿色标准的认证,如ISO14000环境管理体系认证,从而在激烈的市场竞争中占据优势。

(二) 绿色物流管理的经济价值

生态经济学理论告诉我们,生态系统是具有经济价值的,生态系统与经济系统之间存在一种固有的平衡。严格的绿色标准不仅迫使企业选择更加环保的物流方式,也将迫使企业更加有效地利用资源,从而降低成本,增强了竞争能力。因此,不能只看到解决环境问题需要实际成本的一面,还应该认识到,绿色物流管理方面的改善会给企业带来更多的经济机遇和参与国际竞争的机会,带来巨大的实实在在的经济效益。西方国家的最新研究及实践表明,一个在绿色物流管理方面表现良好的企业通常也具有良好的盈利表现。

实施绿色物流管理为企业创造的经济价值体现在三个方面:一是绿色物流管理有利于树立良好的企业形象,使企业更容易获得股民和其他投资者的青睐;二是企业通过对资源的节约利用,对运输和仓储的科学规划与合理布局,将大大降低物流成本,降低物流过程的绿色风险成本,从而为企业拓展了利润空间;三是自然资源的回收、重用等逆向物流举措,可以降低企业的原料成本,提升客户服务价值,增强企业竞争优势。

四、绿色物流管理在国内外的发展现状

(一) 绿色物流管理在国外的发展现状

1. 美国的绿色物流发展现状

美国是世界上最早发展物流行业的国家之一，也是对绿色物流最关注的国家之一。美国政府确立以现代物流发展带动社会经济发展的战略目标，并在《国家运输科技发展战略》中确立2025年交通产业结构或交通科技进步的总目标：建立安全、高效、充足和可靠的运输系统，其范围是国际性的，形式是综合性的，特点是智能性的，性质是环境友善的。美国政府将"使环境影响最小化"作为制定环境政策的核心宗旨，以促进社会经济可持续发展。2020年，拜登总统参加竞选时提出"清洁能源革命与环境正义计划"，指出该计划将确保美国实现100%的清洁能源经济，并在2050年前达到净零碳排放，其中特别要求上市公司披露其运营和供应链中的气候风险和温室气体排放情况。2021年1月28日，拜登总统签署第14008号行政命令，指出美国主要联邦机构必须制订一项适应和恢复计划，以应对其最重要的气候风险和脆弱性。2021年10月7日，白宫发布20多项联邦机构气候适应和恢复计划，涉及农业部、商务部、国防部、教育部、能源部、住房和城市发展部、运输部、财政部、环境保护局、美国宇航局等。众多企业在实际物流活动中，为物流的运输、配送、包装等物流活动的绿色化提供了强有力的技术支持和保障。

1) 美国宇航局——美国航空气候行动计划

2021年10月7日，美国宇航局发布美国航空气候行动计划，该计划给出五个方面的优先适应活动，其中包括美国宇航局将气候因素强制纳入整体政策、战略、总体规划、运营和合作伙伴关系交流中，也将气候风险纳入风险分析和机构恢复力规划，同时推进对气候变化影响较小的技术和工艺的航空研究。该行动计划包括增加可再生的可持续燃料、废物原料(如废物、残渣、生物质、糖、油等)生产的可持续燃料、开发高能效的飞机和发动机技术、提高飞机运行效率并优化飞行轨迹、地面车辆电动化减少机场排放。2021年11月9日，美国交通部长皮特·布蒂吉格表示，美国正在设定一个目标，即到2050年美国航空业实现温室气体净零排放，修改了到2030年航空排放量降低20%的目标。

2) 美国环保署——清洁卡车计划

2021年8月5日，拜登总统签署了一项行政命令，要求到2030年，50%的所售新车达到零排放，到2026年制定新的排放规则以减少污染。同时，美国环保署宣布在未来

三年内将通过一系列法规制订减少重型卡车排放温室气体和其他有害空气污染物的计划。2022年3月28日发布的一项提案中提出了该清洁卡车计划的第一项规则，即从2027车型年(model year)开始制定更严格的新标准，拟议的标准将显著减少重型汽油和柴油发动机卡车产生的烟雾与煤烟形成的氮氧化物的排放。同时，美国环保署还制订了另外两项商用车行动计划，第一个计划将侧重于轻型和中型车辆，针对2027车型年及以后的商用皮卡和面包车，解决包括温室气体排放在内的多种污染物排放问题；第二项计划将重点关注2030年以后重型车辆的温室气体排放。2021年12月，美国环保署最终确定了2023—2026年车型的乘用车和轻型卡车的温室气体排放标准，这些标准是迄今为止最严格的轻型车辆排放标准。

3) 美国环保署——SmartWay货运计划

美国环保署于2004年2月牵头提出SmartWay货运计划，目的是通过测量、基准测试和提高货运效率，帮助企业推进供应链的可持续性。SmartWay货运计划的核心项目为运输合作伙伴计划，即与各大型货运商、货车运输公司、铁路公司、物流公司和其他利益相关者合作，SmartWay为不同类型的合作伙伴提供不同的节能减排策略。此外，美国环保署会定期公布绿色车辆指南，即通过SmartWay认证的汽车及零部件制造商会被列入美国环保署向公众推荐的绿色车辆指南，以实现节油降本和绿色低碳。目前获得SmartWay认证的卡车企业有戴姆勒、沃尔沃、斯堪尼亚等，轮胎厂商有米其林、普利司通和中国品牌双钱、中车双喜等。美国国会和各州政府还为参与SmartWay货运计划的企业提供不同类型的资金奖励和研究经费，并为其争取到一些私人基金会的资金支持。

2. 欧洲的绿色物流发展现状

欧洲是践行绿色物流理念最早的地区之一。早在20世纪80年代，欧洲就开始探索"综合物流供应链管理"，以实现最终消费者和最初供应商之间的物流与信息流的整合，即在商品流通过程中加强企业间的合作，改变原先各企业分散的物流管理方式，通过合作实现原来不可能达到的物流效率，从而减少无序物流对环境的影响。欧洲提出了一项整体运输安全计划，可以监控船舶运行状态，通过测量船舶的运动、船体的变形情况和海水状况，就可以提供足够的信息，避免发生事故，或者在事故发生后及时采取应急措施。制订这一计划的目的就是尽量避免或者减少海洋运输对环境的污染。欧洲的运输与物流业组织——欧洲货代组织，也很重视绿色物流的推进和发展，针对运输、装卸、管理过程制定相应的绿色标准，加强政府和企业协会对绿色物流的引导和规划作用，同时鼓励企业运用绿色物流的全新理念(重点在于规划和兴建物流设施时，应该与环境保护结合起来；限制对人类生态环境影响较大的公路运输的发展，大力推进铁路电气化运输)来经营物流活动，加大对绿色物流技术的研究和应用，如对运输规划进行研究，积极开发和应用绿色包装材料等。

2019年12月，欧盟委员会公布了应对气候变化、推动可持续发展的《欧洲绿色协议》，提出2050年前欧盟实现净零碳排放，通过利用清洁能源、发展循环经济、抑制气候变化、恢复生物多样性、减少污染等措施提高资源利用效率。该协议成为指导欧洲经济发展的新战略。为实现净零碳排放目标，欧盟为此制定了详细的路线图和政策框架，在产业政策层面，欧盟将发展重点聚焦在清洁能源、循环经济、数字科技等方面，政策措施覆盖工业、农业、交通、能源等几乎所有经济领域，以加快欧盟经济从传统模式向可持续发展模式转型。为实现该协议中提出的目标，欧盟提出了"欧洲可持续投资计划"，指出欧盟未来长期预算中至少有25%的费用专门用于气候行动；欧洲投资银行也启动了相应的新气候战略和能源贷款政策，到2025年将把与气候和可持续发展相关的投融资比例提升至50%；欧盟委员会联合欧洲投资基金共同成立了总额7500万欧元的"蓝色投资基金"，旨在通过扶持创新型企业成长，推动欧盟海洋经济的可持续发展。同时，欧盟也是最早启动碳交易市场的地区之一，自2005年运作至今，欧盟碳交易市场涵盖了一万多个实体，覆盖30多个国家，包括所有欧盟成员国，以及冰岛、列支敦士登和挪威。欧盟碳交易市场的交易量占欧盟温室气体排放总量的40%，碳交易市场的参与者包括电力、工业、航空、海运、公路运输和建筑行业的企业。2021年7月发布的《欧洲绿色新政》提出具有法律约束力的温室气体减排目标，即于2030年实现在1990年排放水平的基础上削减至少55%，并于2050年实现碳中和，同时考虑从2023年起，将欧盟碳交易系统的范围扩大到海运、公路运输和建筑行业。此外，"碳边界调整机制(CBAM)"也是《欧洲绿色新政》的核心，其目的在于保护那些被要求减少"碳足迹"的欧洲企业。2021年3月，欧洲议会投票通过CBAM议案；2022年3月，欧盟理事会就CBAM相关规则达成协议，即设置2023—2026年为过渡期，将从对碳排放限制相对宽松的国家和地区进口钢铁、铝、电力、水泥、化肥、有机化学品、氢、氮和塑料。

在欧盟整体碳排放活动中，交通运输约占总温室气体排放量的25%，且该比重还在持续增加中。为实现《欧洲绿色新政》设置的目标，到2050年，欧盟交通运输相关温室气体排放量需减少90%。为了向更清洁、更环保、更智能的交通方式过渡，欧盟委员会提出四项提案：第一，提升铁路和航运能力；第二，加大与新能源汽车相关的基础设施建设；第三，数字化技术应用发展智能交通系统；第四，构建高效的高速铁路和多式联运系统。同时，欧盟通过大力推动物流体系的标准化、共享化，促进欧洲各国之间物流活动效率的提升,例如全欧铁路系统及欧盟委员会提出在未来20年内,努力建立欧洲统一的铁路体系,实现欧洲铁路信号灯等铁路运输关键系统的互用。

欧盟还非常重视绿色包装和逆向物流发展。早在1994年,欧共体制定了一项关于包装和包装废弃物的条例——《包装及包装废弃物指令》,德国建立专门的实验室按照ISO有关标准评定了现有各种包装材料对环境的影响程度,同时建立了双元回收系统。此外,欧盟制定了关于废弃物回收的法案,明确规定汽车及零部件、电池、家电等多个行业的多种产品需要强制回收。欧洲各国也制定了相应的法律,细化企业、政府等各方的责任分担和操作细则,比如德国政府在2002年通过了《旧车规定》的修正案,规定了汽车制造和进口企业对车辆的回收及报废负有责任与义务,而其他消费环节的废弃物回收工作,则由市政统一负责管理。2019年,德国新包装法(VerpackG)出台,规定到2022年,不同包装材料的回收目标将从目前的36%提高到63%。同时,产品生产商或出售商必须遵守该法案,若不能遵守将面临高达5万欧元的罚款和销售禁令。

3. 日本的绿色物流发展现状

日本自1956年从美国引进现代物流管理理念后,大力推行本国物流现代化建设,将物流运输业改革作为国民经济中最重要的核心课题予以研究和发展。把物流行业作为本国经济发展生命线的日本,从一开始就特别重视物流的绿色化,日本政府直接负责绿色物流的运行和管理,十分重视相关法规的制定和实施,先后制定多项物流管理职能、物流环境标准等方面的政策法规。日本物流领域的法律体系形成了基本法统率综合法和专项法的循环经济立法模式。政府部门除了在传统的防止交通事故、抑制道路沿线的噪声和振动等问题方面加大监管和控制力度,还特别出台了一些实施绿色物流的具体目标,如货物的托盘使用率、货物在停留场所的滞留时间等,来降低物流对环境造成的影响。日本政府在1966年出台了《流通业务城市街道整备法》,提出将集中在大城市中心的流通设施向已经整备好的外围地区集中搬迁,以提高大城市道路的流通性并使交通流畅。1989年,日本提出了10年内三项绿色物流推进目标,即含氮化合物排放标准降低三成到六成,颗粒物排放降低六成以上,汽油中的硫含量降低1/10。1990年12月开始实施的《货物汽车运输事业法》和《货物托运事业法》是规范汽车运输事业行为的法律,统称"物流二法",替代了连续实施长达四十多年的30部与物流产业有关的法律。1992年,日本政府制定了《汽车NO_x法》,并规定了允许企业使用的五种货车车型,同时在特定区域强制推行禁止排放量不符合标准的货车行驶的规则。同时,日本也非常重视绿色包装和逆向物流,日本政府起草了《能源保护和促进回收法》，对绿色包装进行了规定。1993年，除了部分货车，政府要求企业承担更新旧车辆、使用新式符合绿色标准的货车的义务。另外，为解决地球的温室效应、大气污染等各种环境问题，日本政府与物流行业积极实施在干线运输方面推动模式转换(由公路运输转向对环境负荷较小的铁路和海上运输)和干线共同运行系统的建构，在城市内的运送方面推动共同配送系统的建设及节省能源行驶等。1995年，颁布了《容器包装回收利用法》，鼓励建立大量的回收站。1997年，颁布了《综合物流施政大纲》，旨在减少大气污染排放，加强环境保护，建立符合环保要求的绿色物流体系。2000年，发布《容器和包装再循环法》，制定容器和包装的制造、收集及再利用等规则。2001年，为鼓励提高资源利用效率并减少浪费，实施了《家用电器再循环法》，该法规委托家电生产商回收空调、电视机、电冰箱、洗衣机等家用电器。2001年出台《新综合物流施政大纲》，其重点之一就是减少大气污染排放，加强地球环境保护，对可利用的资源进行再生利用，实现资源、生态和社会经济良性循环，建立满足环保要求的新型物流体系。2005年，颁布了《物流综合效率化法》，提高企业综合物流效率以降低物流成本和减轻环境负担。2006年，颁布了《省能源法》，规范能源消费量的计算和使用。同年，为了支持物流效率化，还新设置了绿色物流合作普及事业补助金。此外，不仅中央政府，地方政府也制定了地方的绿色物流合作会议制度。为客观、真实地评定企业低碳物流业绩，日本出台了企业内环保评价标准，规范了企业向社会公示其环保成果的《社会环境报告书》的撰写规程，明确规定要求公示的减排数量必须参照行政部门的《减排物单位表》格式统一书写。2010年，颁布了《全球气候变暖对策税详细方案》，对所有化石燃料(如煤炭、汽油、柴油、航空燃料、天然气等)征税，以应对二氧化碳排放及能源消耗负担。2013年，颁布了第五次制定的《综合物流施政大纲》，引进了采用有利于自然和社会环境的运输车辆等措施，提出要解决浪费、非效率、非均等化等问题，以提升环境质量。这是日本物流行业的纲领性文件，该文件将绿色物流作为整体经济的重要基础加以考虑。为创建《综合物流施政大纲》提出的减轻环境负荷的物流体系和循环型社会，日本政府主要采取了以下五方面的行动推进绿色物流发展：第一，提高环保意识，构筑循环型社会(编制和普及指导手册，制定了再生资源法规)；第二，构筑具有社会效益的物流系统(正向物流体系对货运汽车、运输方式、包装等进行法律限制，逆向物流体系结合严格、高效的垃圾分类回收体系促进日本各种废弃物的回收和利用)；第三，明确绿色物流的定量化发展目标(控制货物在停留场所滞留时间、货物托盘使用率、汽车污染物排放量、运输方式比重)；第四，推动物流运输模式转换(公路运输向铁路和水路运输方式转换、城市内运送推动共同配送体系及节能行驶)；第五，通过各种合作形式强化绿色物流的实施(组织绿色物流合作会议,通过发送补助金、制定二氧化碳排放量计算方法等手段,促进社会统一认识、协调合作)。2017年,颁布了《综合物流施政推进计划(2017年—2020年)》,提高日本整个物流产业劳动生产率的平均水平,2020年实现物流产业劳动生产率增幅达到20%。

日本积极推行物流标准化。为了全面实现物流系统标准化,日本在1997年发布的《综合物流施政大纲》中提出了托盘、集装箱等标准化设备的工业标准,与国际标准接轨。1998年后,日本将堆码机等物流设备列入政府采购物资,并积极推广多式联运用的标准尺寸的托盘(T11型,即1100mm×1100mm)。除此之外,日本还推进该托盘的国际标准化,力求在亚洲范围内普及JIS标准托盘。为了有效运输,实现装卸与搬运分离,日本有效利用甩挂车和滚装船,发展甩挂运输,并制定了集装箱底盘车整备相关规定。为了更好地推进标准化设备利用,日本计划建设一个物流开放平台,为人们提供基于日本自动化货物和港口综合系统的信息新型服务,循环使用集装箱。这将使海上集装箱运输的效率得到提高,进而缓解港湾地区的交通拥堵,减轻环境负荷。

4. 国际绿色物流相关标准研究现状

目前,尚未查询到国际专门的绿色物流标准组织。国际标准化组织(ISO)和国际电工委员会(IEC)中,与绿色物流密切相关的国际标准主要包括环境管理体系、温室气体量化和报告、温室气体管理和气候行动、能源管理体系、绿色金融等。主要领域的标准体系建设进展如下。

1) 节能和能效

节能和能效领域的ISO标准化技术委员会主要包括能源管理与能源节约技术委员会(ISO/TC301),以及涉及相关领域的建筑环境设计技术委员会(ISO/TC205)、建筑环境的热效应和能源利用技术委员会(ISO/TC163)、光与照明技术委员会(ISO/TC274)等。其中,ISO/TC301能源管理和能源节约技术委员会主要负责能源管理和节能领域的标准化,目前已发布国际标准20项,正在组织制定5项,主要包括能源管理体系、节能量和能源绩效评估、能源审计、能源服务等通用、共性的国际标准,其中能源管理体系标准(ISO50001)是各国广泛采用的重要节能标准。ISO/TC205建筑环境设计技术委员会主要负责新建筑设计的标准化和现有建筑的改造,使其达到可接受的室内环境和切实可行的节能效果与效率。由ISO/TC205直接负责的已发布标准36项,正在制定13项,涵盖建筑环境和节能设计、建筑供热和制冷系统、建筑能源绩效、自动化及控制系统等。

此外,国际电工委员会成立了IEC标准化管理局能效咨询委员会,帮助协调在优化电气电子产品能效领域做出贡献的不同IEC技术委员会的活动。也有针对专门领域的IEC/SC23K电力能效产品标准化技术委员会，主要负责现有和新电气装置中使用的节能产品、系统和解决方案的标准化。

2) 新能源和可再生能源

(1) 太阳能。国际标准化组织太阳能技术委员会(ISO/TC180)主要负责太阳能供暖、供热水和制冷，以及工业过程中太阳能加热和空调、太阳能测量相关仪器和程序要求等方面的标准化工作。标准体系主要包括太阳能热利用相关术语定义、集热器部件和材料、系统热性能、可靠性和耐久性、太阳气象及数据等方面的内容。ISO/TC180已发布国际标准19项，正在组织制定6项，包括基础通用、光热组件、光热材料、应用等方面。

国际电工委员会太阳光伏能源系统技术委员会(IEC/TC82)主要负责太阳光伏系统相关的太阳光伏转化发电及其系统与部件等方面的标准化工作，已发布标准155项。

国际电工委员会太阳能热发电站技术委员会(IEC/TC117)主要负责太阳能热发电系统相关的太阳热能转化发电及其子系统、部件等方面的标准化工作，已发布标准6项，正在组织制定9项。

(2) 风能。国际电工委员会风能发电系统技术委员会(IEC/TC88)主要负责风力发电相关标准化工作，包括风力涡轮机、陆上和海上风力发电厂，以及与提供能源的电力系统的相互作用，已发布标准42项，包括风电场规划设计、风电机械设备、风电电气设备等方面，正在组织制定标准30余项。

(3) 氢能。国际标准化组织氢能技术委员会(ISO/TC197)主要负责氢燃料质量、加氢站、氢制备、氢安全等方面的标准化工作，标准体系框架主要涉及氢的制、储、运、加等方面的标准。在氢能方面，已发布国际标准17项，正在组织制定16项。

国际标准化组织道路车辆标准化技术委员会电动汽车分技术委员会(ISO/TC22/SC37)主要负责燃料电池汽车相关的标准化工作，已发布燃料电池汽车相关标准3项，我国暂未转化ISO/TC22/SC37发布的标准。

国际电工委员会燃料电池技术委员会(IEC/TC105)主要负责固定式燃料电池发电系统、交通工具用燃料电池、燃料电池动力系统、便携式燃料电池、微型燃料电池系统、燃料电池辅助动力系统等燃料电池和相关应用方面的标准化工作，已发布燃料电池相关标准17项，我国转化了相关标准12项。

(4) 生物质能。国际标准化组织固体生物燃料技术委员会(ISO/TC238)主要负责固体生物燃料分类、术语、收取、制备、组分检测等方面的标准化工作，已发布国际标准45项，正在组织制定10项，主要包括各类固体生物质燃料的术语、分类、取样、物性测试、储运安全等方面的国际标准。

国际标准化组织沼气标准化技术委员会(ISO/TC255)主要负责生物质气化和生物质能源发电制沼气领域的标准化工作，目前已发布沼气相关标准3项，涉及术语、定义、沼气燃烧用火炬及户用沼气系统要求。ISO/TC255正在组织制定标准3项，涉及沼气安全和环境、生物质制取沼气系统等方面。

(5) 新能源汽车。国际标准化组织道路车辆标准化技术委员会电动汽车分技术委员会(ISO/TC22/SC37)主要负责电动道路车辆、电力推进系统、相关部件及其车辆集成的特定方面的标准化工作，已发布电动汽车相关标准28项，正在组织制定标准12项，涵盖安全、性能能耗、充电储能、系统组件、能量传输要求等领域；气体燃料分技术委员会(ISO/TC22/SC41)主要负责使用气体燃料的车辆部件的构造、安装和测试规范的标准化工作，已发布相关标准87项，正在制定标准43项。

国际电工委员会电动道路车辆和电动工业车辆技术委员会(IEC/TC69)主要负责从可充电储能系统汲取电流的电动道路车辆和工业卡车的电力/能量传输系统方面的标准化工作。IEC/TC69已发布电动车辆相关标准23项，涉及电动汽车传导充电系统、电动汽车无线电力传输(WPT)系统、道路车辆电网通信接口等方面。IEC/TC69正在制定标准36项，涵盖电动汽车导电供电系统、电动汽车充放电基础设施、充电站系统、电网通信接口等领域。

3) 温室气体管理

国际标准化组织环境管理技术委员会(ISO/TC207)于2007年成立了温室气体管理分技术委员会(SC7)，专门负责温室气体管理标准体系的研究及相关系列标准的制定。目前SC7已经发布的标准有13项，正在制定的标准有6项，主要包括温室气体量化与报告、碳足迹、核查、适应气候变化、气候金融、碳中和等方面的国际标准，并正在推动制定国际社会高度关注的《碳中和原则和指南》(ISO14068)国际标准。国外主要温室气体排放核算方法如表1-1所示。

表1-1 国外主要温室气体排放核算方法

名称	适用范围
温室体系核算体系(世界资源研究所和世界可持续发展工商理事会，2011)	由一系列为企业、组织、项目等量化和报告温室气体排放情况服务的标准、指南和计算工具构成，包括企业核算与报告标准、产品寿命周期核算和报告标准、企业价值链核算与报告标准
ISO14064—1、2、3，ISO14067(ISO/TC207/SC7)	组织层面、项目层面对温室气体排放和清除的量化与报告的规范及指南，温室气体声明审定与核查的规范及指南，以及产品碳足迹量化和信息交流的要求及指南

名称	适用范围
ISO/FDIS14083 (ISO/TC207/SC7)	该标准是温室气体——运输链业务产生的温室气体排放量的量化和报告,系统梳理所有运输车辆的能源消耗(含满载和空载,以及改道和/或偏离路线期间的能源消耗)、交通枢纽运营过程的能源消耗(包括装卸、搬运等)、制冷剂的泄漏。该标准未包括的项目:制冷剂的生产和供应流程;废弃物的产生;物流枢纽储存货物过程中仓储和接待旅客的能源消耗;车辆使用的运输基础设施(如道路、内河航道、铁路基础设施,转运和卸载基础设施)的施工、服务、维护和拆除过程;位于交通枢纽内的企业,如零售和酒店服务,其功能是可分割的,且与交通枢纽的交通运营有关
PAS2060商品和服务在生命周期内的温室气体排放评价规范(英国标准化协会)	全球首个生命周期评价方法的产品碳足迹方法标准,适用于评估产品或者产品服务在整个生命周期内的温室气体排放量

其他国外物流温室气体排放核算方法如下。

(1) 国际航空运输协会制定的温室气体排放核算方法,适用于民航温室气体排放的计算。

(2) SmartWay制定的温室气体排放核算方法,适用于民航、内河、铁路、公路运输温室气体排放的计算。

(3) 国际海事组织船舶能效运行指数制定的温室气体排放核算方法,适用于内河温室气体排放的计算。

(4) 温室气体排放指南中的温室气体排放核算方法,适用于物流节点和集装箱码头温室气体排放的计算。

(5) EcoTransIT制定的温室气体排放核算方法,适用于铁路温室气体排放的计算。

(6) 欧洲标准化技术委员会EN16258制定的温室气体排放核算方法,适用于公路运输服务(货物和旅客)的能源消耗和温室气体排放的计算。

(7) 清洁货运工作组(Clean Cargo Working Group)制定的碳排放核算方法,适用于海运集装箱运输温室气体排放的计算。

(8) 国际海事组织《MARPOL73/78防污公约》附则Ⅵ《防止船舶造成空气污染规则》制定的温室气体排放核算方法,适用于水路运输温室气体排放的计算。

另外,国际标准化组织钢技术委员会(ISO/TC17)、国际标准化组织房屋建筑技术委员会建筑可持续性和结构工程分技术委员会(ISO/TC59/SC17)、国际标准化组织空气质量技术委员会固定源排放分委会(ISO/TC146/SC1)和国际标准化组织印刷技术委员会(ISO/TC130)也分别发布了关于钢铁生产二氧化碳排放强度计算方法(4项)、建筑碳排放计量运营阶段(2项)、高耗能行业固定源温室气体排放确定(5项,正在制定)和印刷产品碳足迹的量化与交流(1项)国际标准。

国际电工委员会电工电子产品与系统的环境标准化技术委员会(IEC/TC111)于2011年成立了WG17温室气体工作组。该工作组负责温室气体量化方面和交流等标准化活动，并开展电工电子产品、服务和系统的温室气体减排标准。IEC/TC111/WG17已经发布了2项技术报告：第一项是IEC/TR627252013，电工电子产品和系统的温室气体排放的量化分析方法学；第二项是IEC/TR627262014，电工电子产品和系统来自项目基线的温室气体减排的量化方法。

4) 碳捕集、运输与封存

国际标准化组织于2011年11月正式成立二氧化碳捕集、运输与地质封存技术委员会(ISO/TC265)，专门从事该领域的相关国际标准的研究工作。TC265目前下设4个工作组，TC265已经发布的标准有10项，正在研制中的标准有5项，主要包括捕集、运输、地质封存、量化与验证、交叉问题等方面的国际标准。其中，中国牵头发布2项技术报告(TR)，正在推进制定1项国际标准。

5) 生态环境

生态环境相关国际标准涉及环境管理、大气、水污染防治，以及固体废物处理和处置等技术领域。

在环境管理领域，1993年6月成立了环境管理技术委员会(ISO/TC207)，其主要职责是研究、制定并实施环境管理体系标准和环境管理工具标准。ISO/TC207下设环境管理体系(SC1)、环境审计和相关环境调查(SC2)、环境标志(SC3)、环境绩效评价(SC4)、生命周期评价(SC5)、温室气体和气候变化管理及相关活动(SC7)等6个分技术委员会。目前共发布国际标准64项，在研16项。

在大气污染防治方面，国际标准化组织空气质量技术委员会(ISO/TC146)已发布或正在研制SO_2、NO_x、TVOC、气溶胶、颗粒物检测方法和在线检测系统等国际标准251项。

在水污染防治方面，2013年3月成立国际标准化组织水再利用技术委员会(ISO/TC282)，开展各种形式和各种目的的水再利用方面的标准化，下设再生水灌溉利用(SC1)、城镇水回用(SC2)、水回用系统风险与绩效评价(SC3)和工业水回用(SC4)四个分技术委员会，以及WG2术语和WG3生物制药水系统工作组。截至2020年12月，ISO/TC282已发布国际标准23项，在研16项。此外，ISO/TC147水质技术委员会已发布或正在研制水质在线监测仪器的规范和性能测试方法、试剂盒检测方法等360项国际标准。ISO/TC224饮用水、污水及雨水系统相关服务活动技术委员会已发布或正在研制污水处理设施管理和污水处理服务评估指南、风险管理、应用实例、水效管理系统等领域的26项国际标准。

在固体废物处理处置方面，国际标准化组织污水(污泥)回收、循环、处理和处置技术委员会(ISO/TC275)下设术语、表征方法、发酵、土地利用、热处理、浓缩和脱水、无机有机质的回收、公众感知的沟通和管理等8个工作组，主要开展城镇及工业废水收集系统、粪便、雨水处理、给水处理设备、污水处理厂等污水(污泥)特性、分类、预处理、处理、循环和处置等方面相关的技术、工艺流程及测试方法的标准化工作。目前已发布国际标准1项，在研7项。

6) 绿色金融与可持续金融

近年来，ISO环境管理技术委员会(ISO/TC207)积极开展环境管理方面的国际标准研制，下设7个工作组，已发布《环境成本和效益确定指南》(ISO14007)、《环境影响和相关环境因素的货币化估值》(ISO14008)、《温室气体管理和相关活动——包括评估和报告与气候变化相关的投资和融资活动的原则和要求的框架》(ISO14097)、3项绿色债务工具标准(ISO14030系列标准，涉及绿色债券、绿色贷款、验证要求等内容)和《支持绿色金融发展的项目、资产和活动环境准则指南》(ISO14100，是ISO/TC207与ISO/TC322的联合项目)等64项国际标准。目前正在制定《温室气体管理和气候变化管理及相关活动——碳中和》(ISO/DIS 14068)、《环境技术验证——实施ISO14034的指南》(ISO/AWI 14035)等16项国际标准。

2018年，ISO批准成立可持续金融技术委员会(ISO/TC322)，开展可持续金融领域相关国际标准的研制工作，其工作范围是可持续金融，以在金融支持经济活动中融入环境、社会和治理实践等可持续相关考虑。ISO/TC322目前下设5个工作组，已发布《可持续金融基础术语和关键倡议》(ISO/TR32220)、《可持续金融——金融部门组织应用可持续原则的指南》(ISO32210)等国际标准。

7) 环境、社会和治理评价

2021年，国际标准化组织技术管理局(TMB)批准成立环境、社会和治理(ESG)生态系统战略咨询组(SAG)。该咨询组由加拿大建议成立，由加拿大、英国和巴西通过联合主席与联合秘书处共同领导，其主要任务是向ISO提出战略报告和工作建议，明确ISO对ESG生态系统的价值，并提出下一步工作建议。SAG成员包括TMB代表推荐的专家、其他ISO成员推荐的专家，以及ISO环境管理技术委员会、金融服务技术委员会、能源管理和能源节约技术委员会、可持续金融技术委员会、循环经济技术委员会、气候变化协调委员会等10个相关技术委员会及合格评定委员会(ISO/CASCO)推荐的专家，成员近50人。目前，SAG下设现状分析(TG1)、利益相关方参与(TG2)和用户需求(TG3)3个任务组，围绕ISO对ESG生态系统的影响、ISO标准与ESG相关性、利益相关方参与策略、利用ISO/CASCO工具箱满足ESG生态系统中的用户需求等议题开展研究，并拟于2022年下半年完成ISO关于ESG生态系统的战略咨询报告。

(二) 绿色物流管理在国内的发展现状

我国现代物流业起步较晚，绿色物流的发展亦是如此。党的十八大以来，随着人民群众对美好生态环境要求的提高，以习近平同志为核心的党中央提出了"五位一体"总体布局和"四个全面"战略布局，强调要树立"绿水青山就是金山银山"的强烈意识。随着生态文明建设持续推进、污染防治攻坚战深入开展，以及"双碳"目标的有力推进，绿色物流得到了前所未有的重视。从影响因素、物流要素、社会影响、相关标准四个方面来看，中国的绿色物流发展现状如下。

1. 影响因素——良好的绿色物流外部环境

1) 顶层设计指引绿色物流发展方向

2014年9月，国务院印发《物流业发展中长期规划(2014—2020年)》，提出将大力发展绿色物流作为七大主要任务之一。之后，国家发展和改革委员会、商务部、交通运输部、生态环境部、国家邮政局等机构及时出台相关规划指引绿色物流发展方向。2020年5月，国家发展和改革委员会、交通运输部发布《关于进一步降低物流成本的实施意见》，提出要积极发展绿色物流，深入推动货物包装和物流器具绿色化、减量化。

2021年是"十四五"开局之年，2021年2月，中共中央、国务院印发《国家综合立体交通网规划纲要》，指出预计2021—2035年全社会货运量年均增速约2%，邮政快递业务量年均增速约6.3%。2021年10月，交通运输部印发《绿色交通"十四五"发展规划》，明确提出绿色交通"十四五"发展具体目标：①到2025年，营运车辆单位运输周转量二氧化碳排放较2020年下降率5%；②营运船舶单位运输周转量二氧化碳排放较2020年下降率3.5%；③营运船舶氮氧化物排放总量较2020年下降率7%；④全国城市公交、出租汽车(含网约车)、城市物流配送领域新能源汽车占比20%；⑤国际集装箱枢纽海港新能源清洁能源集卡占比60%；⑥长江经济带港口和水上服务区当年使用岸电电量较2020年增长率100%；⑦集装箱铁水联运量年均增长率1.5%。2022年12月，国务院办公厅公开发布了《"十四五"现代物流发展规划》，提出深入推进物流领域节能减排，加快健全逆向物流服务体系，全面推动绿色物流发展；依托行业协会等第三方机构，开展绿色物流企业对标贯标达标活动，推广一批节能低碳技术装备，创建一批绿色物流枢纽、绿色物流园区。2022年4月，交通运输部、国家铁路局、中国民航局、国家邮政局贯彻落实《中共中央　国务院关于完整准确全面贯彻新发展理念做好碳达峰碳中和工作的意见》的实施意见，指出要以交通运输全面绿色低碳转型为引领，以提升交通运输装备能效利用水平为基础，以优化交通运输用能结构、提高交通运输组织效率为关键，加快形成绿色低碳交通运输方式，加快推进低碳交通运输体系建设，助力如期实现碳达峰碳中和目标，推动交通运输高质量发展。在"双碳"目标背景下，国家发展规划为绿色物流发展路径及市场化激励措施指明方向。

2) 绿色供应链管理倒逼绿色物流发展

绿色供应链管理是将全生命周期管理、生产者责任延伸理念融入传统的供应链管理工作中，依托上下游企业间的供应关系，以核心企业为支点，通过绿色供应商管理、绿色采购等工作，推动链上企业持续提升环境绩效，进而扩大绿色产品供给。2015年，国务院印发的《中国制造2025》首次明确提出打造绿色供应链，加快建立以资源节约、环境友好为导向的采购、生产、营销、回收及物流体系，落实生产者责任延伸制度。2017年10月，国务院办公厅发布《关于积极推进供应链创新与应用的指导意见》，提出要积极倡导绿色供应链，特别是要积极推行绿色流通，建立绿色物流体系和逆向物流体系。2020年，国家发展改革委等14部门印发《推动物流业制造业深度融合创新发展实施方案》，关于绿色物流领域，特别强调引导制造企业推动产品包装和物流器具绿色化、减量化、循环化；鼓励企业针对家用电器、电子产品、汽车等废旧物资构建线上线下融合的逆向物流服务平台和回收网络等。2021年3月，《商务部等8部门关于开展全国供应链创新与应用示范创建工作的通知》提出，推动供应链绿色发展，特别是推动企业环境和碳排放信息公开，引导督促企业选择绿色供应商，实施绿色采购，针对重点行业积极打造绿色供应链。绿色物流是开展绿色供应链管理的重要内容。

当前，国家对重点行业重点企业提出明确的碳排放管控要求，如中国宝武钢铁集团、鞍钢集团、国家能源集团等大型国企均提出碳达峰具体时间节点。同时，外资企业如壳牌、奔驰、大众、宜家等，也提出明确的碳达峰碳中和时间节点。2021年5月，荷兰海牙地区法院裁决荷兰皇家壳牌公司在2030年将全球二氧化碳排放量(含全球供应链)在2019年的水平上减少45%。一些生产制造企业作为货主方在整个供应链网络中占据重要引导地位，其对碳减排目标的要求将传导到物流供应商，以实现全供应链的减排目标。因此，发展绿色物流，降低物流活动碳排放强度不仅是物流行业企业绿色发展、践行社会责任的重要体现，也成为满足货主要求，实现绿色供应链发展、提高市场竞争力的重要商业决策。

绿色采购是推动绿色供应链发展的重要组成。2015年，商务部、环境保护部、工业和信息化部联合发布《企业绿色采购指南(试行)》，文件指出，推进建设资源节约型、环境友好型社会，发挥市场配置资源的决定性作用，促进绿色流通和可持续发展，引导企业积极构建绿色供应链，实施绿色采购。2020年11月，国家市场监督管理总局、国家标准化管理委员会发布了四项关于绿色供应链的国家标准，包括采购控制、信息化管理平台规范、评价规范、物料清单要求等。在物流领域，2020年10月，国家标准《绿色产品评价 快递封装用品(GB/T 39084—2020)》正式发布，随后，市场监管总局、国家邮政局发布《快递包装绿色产品认证目录(第一批)》和《快递包装绿色产品认证规则》，正式启动快递包装绿色产品认证制度。2020年12月，国务院办公厅转发国家发展和改革委员会等部门发布的《关于加快推进快递包装绿色转型意见的通知》，提出要推行绿色供应链管理，推动相关企业建立快递包装产品合格供应商制度，鼓励包装生产、电商、快递等企业形成产业联盟，扩大合格供应商包装产品采购和使用比例。2021年4月，交通运输部等八部门印发《关于做好标准化物流周转箱推广应用有关工作的通知》指出，开展物流周转箱绿色产品认证，深入实施快递包装绿色产品认证制度，按照可重复使用型快递包装产品类别，对物流周转箱产品开展绿色产品认证，对通过认证的物流周转箱产品加施绿色产品标识。鼓励生产企业申请物流周转箱绿色产品认证，引导采购方选购、使用获得绿色认证的物流周转箱产品。中国绿色包装器具标准、认证、采购制度，为推动全球物流包装行业绿色发展提供了中国方案。

3) 数字技术驱动绿色物流发展

习近平总书记指出："数字技术正以新理念、新业态、新模式全面融入人类经济、政治、文化、社会、生态文明建设各领域和全过程，给人类生产生活带来广泛而深刻的影响。"数字技术正在成为重组全球要素资源、重塑全球经济结构、改变全球竞争格局的关键力量。2020年，《中共中央关于制定国民经济和社会发展第十四个五年规划和二〇三五年远景目标的建议》提出，要发展数字经济，推进数字产业化和产业数字化，推动数字经济和实体经济深度融合，打造具有国际竞争力的数字产业集群。随着现代物流的发展，以互联网、物联网、云计算、大数据、区块链等为基础的信息技术为物流行业的企业提供了强大引擎，结合新能源汽车、人工智能等科技，有力促进了各类要素在物流活动中的有机衔接，切实推进了物流企业的降本增效和物流行业的绿色发展。

4) 绿色金融和碳金融为绿色物流提供资本市场

绿色金融，是指为支持环境改善、应对气候变化和资源节约高效利用所提供的金融服务，包括信贷、债券、基金等。近年来，我国绿色金融蓬勃发展，低碳经济中的绿色金融投放量持续增加。在绿色金融激励政策上，广州、湖州、衢州等六省九市设绿色金融试验区，深圳、天津、北京、江苏等地都出台了绿色金融激励政策。例如，深圳市对合作银行向战略性新兴产业项目库内绿色低碳企业发放的信用贷款，单笔最高按照实际贷款本金损失的50%给予合作银行补贴，按照实际利息的50%给予企业贴息。物流行业具有高度综合性，绿色物流涉及的很多实施环节都符合绿色金融支持的标准，例如2021年4月，中国人民银行、国家发展和改革委员会、证监会印发《绿色债券支持项目目录(2021年版)》，统一了国内绿色债券支持项目和领域，进一步规范了国内绿色债券市场，推动绿色债券标准与国际接轨，其中绿色债券支持项目目录中包含绿色建筑、绿色交通、绿色运营管理服务、环境权益交易服务、技术产品认证和推广服务等，均与绿色物流实施路径息息相关。2021年6月，中国人民银行发布《银行业金融机构绿色金融评价方案》，将绿色债券纳入银行绿色金融评价体系。2021年12月，我国生态环境部印发了《企业环境信息依法披露管理办法》，规定企业是环境信息依法披露的责任主体，要求重点排污单位披露企业环境管理信息、污染物产生、治理与排放信息、碳排放信息、生态环境违法信息等八类信息，要求符合规定情形的上市公司、发债企业在披露八类信息的基础上，披露融资所投项目的应对气候变化、生态环境保护等信息。持续推动物流行业绿色金融发展实践，引导和撬动金融资源流向绿色物流产业促进节能减排，是实现物流绿色低碳发展的有效举措。

碳金融起源于国际气候政策的变化，特别是《联合国气候变化框架公约》和《京都议定书》两个国际公约，服务于减少温室气体排放的技术和项目的直接投融资、碳排放权交易与银行贷款等金融活动。2020年10月，生态环境部、国家发展和改革委员会、中国人民银行、银保监会、证监会五部门联合发布《关于促进应对气候变化投融资的指导意见》，明确指出在风险可控的前提下，机构及资本应积极开发与碳排放权相关的金融产品和服务，有序探索运营碳期货等衍生产品和业务；探索设立以碳减排量为项目效益量化标准的市场化碳金融投资基金；鼓励企业和机构在投资活动中充分考量未来市场碳价格带来的影响。2021年7月6日，全国碳排放权交易市场正式上线启动，虽然首批仅纳入电力行业企业，但航空物流企业也被纳入国家温室气体排放重点监控范围。未来，碳金融产品在物流领域的推广应用将有助于物流企业控制风险，并且可以盘活闲置资产。

5) 人才培养支撑绿色物流发展

随着物流行业的飞速发展，物流行业对高素质人才的需求进一步加大。特别是碳达峰碳中和目标提出后，各行各业对绿色低碳方面的人才需求呈爆炸式增长，2022年4月教育部印发《加强碳达峰碳中和高等教育人才培养体系建设工作方案》，明确要求加强绿色低碳教育，将绿色低碳理念纳入教育教学体系；推动高校参与或组建碳达峰碳中和相关国家实验室、全国重点实验室和国家技术创新中心；加快紧缺人才培养等重点任务。同时，随着我国经济发展方式向绿色低碳转型，为支持全社会各行业落实"双碳"目标，开展碳资产管理，2021年3月，人力资源和社会保障部、国家市场监督管理总局、国家统计局发布了"碳排放管理员"等18项职业资格标准。碳排放管理员包含但不限于下列工种：民航碳排放管理员、碳排放监测员、碳排放核算员、碳排放核查员、碳排放交易员、碳排放咨询员，是本次发布的18个职业资格标准中唯一的绿色职业。碳排放管理员职业资格标准的发布标志着其正式列入国家职业序列，为建设一支专业化的碳排放管理人才队伍奠定了重要基础。

6) 能源变革奠定绿色物流路径实施基础

能源是支撑运输、储存、装卸、搬运、包装、流通加工、配送、信息处理等物流活动的重要资源。节约资源、保护环境是我国的基本国策，"十一五"以来，国家每五年发布节能降碳约束性目标。2021年10月，国务院印发《2030年前碳达峰行动方案的通知》，指出明确的节能降碳约束性目标，即到2025年，非化石能源消费比重达到20%左右，单位国内生产总值能源消耗比2020年下降13.5%，单位国内生产总值二氧化碳排放比2020年下降18%；到2030年，非化石能源消费比重达到25%左右，单位国内生产总值二氧化碳排放比2005年下降65%以上。2021年10月，中共中央、国务院发布《关于完整准确全面贯彻新发展理念做好碳达峰碳中和工作的意见》，提出到2060年，能源利用效率达到国际先进水平，非化石能源(核电、风电、太阳能等)消费比重达到80%以上。

物流行业是支撑社会生产和居民生活的服务业，是能耗增长和碳排放增长最快的行业之一。2021年8月，交通运输部修订《公路、水路交通实施〈中华人民共和国节约能源法〉办法》，决定将公路、水路节能纳入交通发展规划。2021年12月，国务院印发《"十四五"节能减排综合工作方案》，提出实施交通物流节能减排工程，优化完善能耗双控制度，推动绿色铁路、绿色公路、绿色港口、绿色航道、绿色机场建设；全面实施汽车国六排放标准和非道路移动柴油机械国四排放标准，基本淘汰国三及以下排放标准汽车；大力发展智能交通，积极运用大数据优化运输组织模式，到2025年，新能源汽车新车销售量达到汽车新车销售总量的20%左右，铁路、水路货运量占比进一步提升。2022年，生态环境部等七部门印发《减污降碳协同增效实施方案》，提出到2030年，大气污染防治重点区域，新能源汽车新车销售量达到汽车新车销售量的50%左右。而我国能源结构以煤为主，石油和天然气主要依赖进口，2021年，石油和天然气对外依存度分别达到71.9%和43%，分别远超和接近50%的能源安全警戒线。因此，在"双碳"目标和国家能源安全的双重因素驱动下，结合我国丰富的可再生能源禀赋，未来以风电、光电、光热为主的可再生能源将得到大力发展。

2. 物流要素——明晰绿色物流发展体系和实施路径

物流活动涉及运输、储存、包装、装卸、搬运、流通加工、配送、信息处理等，其绿色低碳运营离不开企业管理、设施设备和包装器具、上下游合作商等的协调，因此，物流行业企业推动绿色物流发展是一项系统性工程。根据我国行业标准《物流企业绿色物流评估指标》，企业推动绿色物流的核心要素为管理，设施、设备、包装器具，运营三个方面。

1) 管理

绿色物流管理主要包括管理组织与人员、管理制度、管理体系、绿色物流发展规划与实施四个方面。因绿色物流涉及企业多部门协调合作，需要人力和物力的保障，所以企业内部设有绿色发展管理部门或由多部门专职人员组成的绿色发展管理协调工作组，且应有绿色发展管理组织工作制度、标准化物流作业与管理制度、节能降碳制度、能源消耗统计制度、节能宣传教育和培训制度。同时，企业应有绿色物流发展规划，并制订相应工作计划和实施方案，提供人力、财力、设备及技术资源支持。

2) 设施、设备、包装器具

(1) 设施。企业应贯彻节能、节地、节水、节材的原则，使用节能降碳技术和设备及绿色低碳资源，提高设施设备利用率和终端用能低碳化、电气化水平。在设施方面，物流节点应具备两种以上(含两种)运输方式或毗邻两条以上(含两条)高速公路、国道，仓库应使用立体库提高土地利用集约化水平，主要设施采用高效冷源、绿色照明、建筑保温隔热、自然采光或自然通风等节能举措。2021年11月，交通运输部印发《综合运输服务"十四五"发展规划》，提出加快充换电、加氢等基础设施规划布局和建设，因此物流实施主体应配套满足新能源载运工具和清洁环保载运工具充(换)电、岸电、加气或加氢需求的辅助设施。

(2) 新能源和清洁环保能源设备。柴油货车不仅消耗大量的化石能源，产生大量碳排放，同时也是空气污染的主要来源。加强柴油货车治理成为节能降碳、减少空气污染的重要方面。2019年1月4日，生态环境部等15部门联合印发了《深入打好重污染天气消除、臭氧污染防治和柴油货车污染治理攻坚战行动方案》，其中《柴油货车污染治理攻坚战行动计划》提出，加快淘汰国三及以下排放标准柴油货车，其中要求2020年年底前，京津冀及周边地区、汾渭平原加快淘汰国三及以下排放标准营运柴油货车100万辆以上。生态环境部发布《关于实施重型柴油车国六排放标准有关事宜的公告》，明确自2021年7月1日起停止生产、销售不符合国六标准要求的重型柴油车产品，标志着我国汽车标准全面进入国六时代，基本实现与欧美发达国家接轨。随着能源结构调整和技术进步，国家大力推动新能源装备、设施发展，2019年9月，中共中央、国务院在关于印发《交通强国建设纲要》的通知中提出，促进公路货运节能减排，推动城市物流配送车辆全部实现电动化、新能源化和清洁化。

(3) 计量器具。计量、标准是国家质量基础设施的重要内容，是资源高效利用、能源绿色低碳发展、产业结构深度调整、生产生活方式绿色变革、经济社会发展全面绿色转型的重要支撑,对如期实现碳达峰碳中和目标具有重要意义。2021年12月发布的《计量发展规划(2021—2035年)》中提出,要完善企业计量体系,鼓励社会各方加强对企业计量发展的资金投入和支持,健全激励企业增加计量投入的普惠性政策体系,对企业新购置的计量器具,符合国家有关规定的,允许一次性计入当期成本费用,在计算应纳税所得额时扣除。2022年10月发布的《建立健全碳达峰碳中和标准计量体系实施方案》中明确了碳达峰碳中和标准计量体系的七项重点任务,以及九项重点工程和行动。物流实施主体应配备计量能源和水等资源的计量器具,计量器具应定期检测,并能对计量器具进行维护与管理。

(4) 标准化周转容器。单元化物流是指以标准化单元货物为供应链各环节作业单元的物流形态,即将物流由发货地整合为规格化、标准化的单元货物的状态,沿供应链一直送达最终收获点的物流形态。根据单元化载具的不同,单元化物流包括集装箱单元化物流、托盘单元化物流和周转箱单元化物流。发展单元化物流,就是将单元化载具与运输车辆等物流装备有机集合在一起,从而大幅提高物流与供应链运作效率。实现单元化物流的基础就是周转容器的标准化。

2017年,《商务部等10部门关于推广标准托盘发展单元化物流的实施意见》(商流通函〔2017〕968号)推广应用标准托盘(以下均指1 200mm×1 000mm平面尺寸),提出到2020年,标准托盘占全国托盘保有量比例由目前的27%提高到32%以上,适用领域占比由目前的65%提高到70%以上,同时要从标准托盘推广应用切入,鼓励产品制造环节采用600mm×400mm模数系列的包装箱,鼓励商品流通环节采用600mm×400mm模数系列的周转箱(筐),鼓励物流运输环节推广外廓尺寸为2 550mm(冷藏货运车辆外廓2 600mm)的货运车辆,促进包装箱、周转箱(筐)、货运车厢、集装箱等物流载具标准衔接,提升物流上下游设施设备和服务标准化水平。2021年4月,交通运输部等8部门印发《关于做好标准化物流周转箱推广应用有关工作的通知》,指出要推广应用标准化物流周转箱。

(5) 可降解塑料材料。2020年1月,国家发展和改革委员会、生态环境部联合发布了《关于进一步加强塑料污染治理的意见》,明确提出针对邮政快递逐步禁止不可降解包装的要求,即到2022年年底,北京、上海、江苏、浙江、福建、广东等省市的邮政快递网点,先行禁止使用不可降解的塑料包装袋、一次性塑料编织袋等,降低不可降解的塑料胶带使用量;到2025年年底,全国范围的邮政快递网点禁止使用不可降解的塑料包装袋、塑料胶带、一次性塑料编织袋等。相关政策的出台,对物流行业包装提出了新的要求,也迫使包装尽快实行绿色转型,激发了新的产品需求。

3) 运营

(1) 数字化运营。数字化运营旨在提高企业的运营效率,降低单位业务量的能源资源消耗量。在物流领域,企业可以使用提高运作效率的自动识别标识技术(含条码识别技术、生物识别技术、图像识别技术或射频识别技术等)、智能照明控制技术(含分时、分区自动感应技术,按需智能开关和调节技术等)、人工智能技术(含大数据、计算机视觉、语音识别、自然语言处理或机器学习等)、环境感知技术(重量、体积、温度、油量或电量等智能监测技术)、智能缴费技术等;可以使用企业管理软件(ERP)、能源管理系统(EMS)、订单管理系统(OMS)、仓库管理系统(WMS)、运输管理系统(TMS)、电子订货系统(EOS)、自动存取系统(AS/RS)、办公自动化系统(OAS)等智能管理系统;也可以基于互联网、物联网、大数据、云计算等技术,提高优化库区选址、库内储存、智能路径规划、运输调度或配送路径等的能力,以达到降本增效、绿色低碳的目标。

(2) 运营模式与效率。随着经济社会发展和人民生活水平提高、科学技术的广泛应用,以及社会突发事件带来新业态,物流行业成为技术、管理和业务组织模式的创新聚集领域。2019年,国家发展和改革委员会、交通运输部等24个部门联合发布《关于推动物流高质量发展促进形成强大国内市场的意见》,指出要发展物流新服务模式,特别是鼓励和支持云仓等共享物流模式、共同配送、集中配送、夜间配送、分时配送等先进物流组织方式的发展,在具备条件的地区探索发展无人机配送等创新模式。

在物流全过程中,运输能耗是物流能耗的重要组成。基于五种货物运输方式能耗强度和碳排放强度的比较,优化货物运输结构、提高低能耗和低碳排放强度的铁路和水运货运比重是推动物流企业绿色低碳发展的核心。其中,集装箱多式联运,特别是铁水联运、公铁联运、公水联运,具有产业链长、高效便捷、集约经济、安全可靠等优势,减少货物损耗、提交物流效率、集约利用资源,加强跨区域运输,是货物运输发展的重要方向,也是发达国家运输模式的重要内容。2021年12月印发的《国务院办公厅关于印发推进多式联运发展优化调整运输结构工作方案(2021—2025年)的通知》指出,到2025年,多式联运发展水平明显提升,基本形成大宗货物及集装箱中长距离运输以铁路和水路为主的发展格局,全国铁路和水路货运量比2020年分别增长10%和12%左右,集装箱铁水联运量年均增长15%以上;重点区域运输结构显著优化,京津冀及周边地区、长三角地区、粤港澳大湾区等沿海主要港口利用疏港铁路、水路、封闭式皮带廊道、新能源汽车运输大宗货物的比例力争达到80%;晋陕蒙煤炭主产区大型工矿企业中长距离运输(运距500千米以上)的煤炭和焦炭中,铁路运输比例力争达到90%。

此外，也要通过多种运营技术和模式提高物流作业效率，包括提高货运汽车、货运货车、载货河运船舶、载货海运船舶、货运飞机的实载率，以及提高一定时间范围内的库存周转次数。

(3) 资源绿色化。在"双碳"目标指导下，我国能源消费结构向节约化、电气化、可再生能源化发展，进而指引物流行业企业能源消费转型升级。首先，物流实施主体需要通过使用节能设备(节能灯、节能办公设备、节能物流装备)，结合从业人员节能培训(司机节油驾驶培训等)和能源智能管理系统，挖掘企业节能潜力，提升物流活动能效水平。其次，物流实施主体要积极挖掘可再生能源潜力，通过供能端能源结构调整和用能端设备更新改造促进物流行业能源消费电气化和可再生能源化。2021年，国家发展和改革委员会、国家能源局组织国家电网公司、南方电网公司制定了《绿色电力交易试点工作方案》，明确绿色电力交易定义和交易框架；2022年，国家发展和改革委员会、国家统计局和国家能源局联合发布《关于进一步做好新增可再生能源消费不纳入能源消费总量控制有关工作的通知》，明确以绿色电力证书(简称绿证)作为可再生能源电力消费量认定的基本凭证。两份文件指引物流企业可通过绿证和绿电交易等市场化机制推动物流业能源消耗结构的绿色化和低碳化发展。物流实施主体运营设施产生的可再生能源全部或部分自用，也可以通过绿色电力交易或绿证交易等市场化方式使用可再生能源，以达到物流能源消耗结构的绿色化和低碳化发展。

绿色包装一直是物流行业，特别是快递业，践行绿色发展理念的重要内容，其实现路径是通过采用智能算法、采用替代包装、减少二次包装等方式减少包装材料消耗量，同时增加可循环包装使用量，并提高物流包装材料回收率。2019年、2020年、2021年、2022年，国家邮政局陆续推动实施"9571工程""9792工程""2582工程"和"9917"工程。其中"9917"工程旨在推动快递包装减量化、标准化和循环化，到2022年年底实现采购使用符合标准的包装材料比例达到90%，规范包装操作比例达到90%，可循环快递箱达到1000万个，回收复用瓦楞纸箱7亿个。2020年12月，国务院办公厅转发国家发展和改革委员会等部门《关于加快推进快递包装绿色转型意见的通知》，要求加快推进物流包装标准化、绿色化、循环化转型，提出到2022年，可循环快递包装应用规模达700万个；到2025年，可循环快递包装应用规模达1000万个。

3. 社会影响——形成绿色发展市场良性竞争和企业文化

绿色物流的社会影响是指企业在推动绿色物流发展过程中对自身和社会绿色发展所带来的影响，即绿色信息披露与生态共建，包括核算和报告节能降碳信息、社会责任履行情况、绿色生态共建。

核算和报告节能降碳信息主要指物流实施主体要有能源消耗清单和节能降碳举

措,统计和核算企业或项目层级的能源消耗总量和强度,以及二氧化碳排放总量或强度。2021年12月,我国生态环境部印发了《企业环境信息依法披露管理办法》,规定企业是环境信息依法披露的责任主体,给出披露环境信息的五大类主体。对于年度环境信息依法披露报告,要求重点排污单位披露企业环境管理信息、污染物产生、治理与排放信息、碳排放信息、生态环境违法信息等八类信息,要求符合规定情形的上市公司、发债企业在披露八类信息的基础上,披露融资所投项目的应对气候变化、生态环境保护等信息。2018年修订的《中华人民共和国节约能源法》规定,重点用能单位应当每年向管理节能工作的部门报送上年度的能源利用状况报告。2021年3月,生态环境部办公厅发布《关于加强企业温室气体排放报告管理相关工作的通知》,要求发电、石化、化工、建材、钢铁、有色、造纸、航空(包括航空物流)等重点排放行业的2013—2020年任一年温室气体排放量达2.6万吨二氧化碳当量(综合能源消费量约1万吨标准煤)及以上的企业或其他经济组织应在环境信息平台填报2020年度温室气体排放情况。

社会责任履行情况是指物流实施主体要定期发布含绿色物流的报告,如社会责任报告(CSR报告),环境、社会和治理报告(ESG报告),且报告公开可获得,或公开宣传自身绿色物流实践行动,积极营造绿色物流发展文化。ESG评价标准是一种关注企业环境、社会、治理绩效而非财务绩效的投资理念和企业评价标准。基于ESG评价标准,投资者可以通过观测企业ESG绩效评估其投资行为和企业(投资对象)在促进经济可持续发展、履行社会责任等方面的贡献。据联合国可持续证券交易所(UNSSE)统计,全球已有26家证券交易所要求强制披露ESG信息,其中包括香港交易及结算所有限公司。我国内地监管机构对于ESG信息披露的意识和要求也在不断提升。2020年,沪深交易所先后发布相关指引或办法,鼓励上市公司主动披露相关信息。2022年5月,国务院国有资产监督管理委员会发布《提高央企控股上市公司质量工作方案》,提出国有企业要贯彻落实新发展理念,探索建立健全ESG体系。具体要求如下:中央企业集团公司要统筹推动上市公司完整、准确、全面贯彻新发展理念,进一步完善环境、社会责任和公司治理工作机制,提升ESG绩效,在资本市场中发挥带头示范作用;立足国有企业实际,积极参与构建具有中国特色的ESG信息披露规则、ESG绩效评级和ESG投资指引,为中国ESG发展贡献力量;推动央企控股上市公司ESG专业治理能力、风险管理能力不断提高;推动更多央企控股上市公司披露ESG专项报告,力争到2023年相关专项报告披露"全覆盖"。

绿色生态共建主要指物流实施主体要与合作商建立绿色物流沟通协作机制,了解合作商绿色物流服务需求和举措,有支持合作商开展绿色物流的举措。

4. 国内绿色物流相关标准

2001年发布的中华人民共和国国家标准《物流术语(GB/T 18354—2001)》首次以国家标准的形式对绿色物流进行了定义，指出绿色物流是在物流过程中抑制物流对环境造成危害的同时，实现对物流环境的净化，使物流资源得到最充分利用。在全社会落实"双碳"目标的背景下，绿色物流的发展急需完善标准工作，特别是物流行业在碳达峰碳中和方面的标准制修订，以及与国际标准的对接工作。2021年10月，中共中央、国务院印发了《国家标准化发展纲要》，提出"要完善绿色发展标准化保障，建立健全碳达峰碳中和标准；强化绿色消费标准引领，完善绿色产品标准，建立绿色产品分类和评价标准"。2022年2月，国家标准化管理委员会印发《2022年全国标准化工作要点》，特别指出"加快多式联运、绿色物流、冷链物流、跨境电子商务、快递服务等现代物流领域标准制修订"。国家标准《绿色物流指标构成与核算方法(GB/T 37099—2018)》对绿色物流进行了新的定义，2021年发布的《物流术语(GB/T 18354—2021)》也沿用了这个定义。标准指出，绿色物流是通过充分利用物流资源、采用先进的物流技术，合理规划和实施运输、储存、装卸、搬运、包装、流通加工、配送、信息处理等物流活动，降低物流活动对环境影响的过程。2022年，碳达峰碳中和国家标准专项计划下达了《物流行业能源管理体系实施指南》《物流企业能源计量器具和管理要求》《绿色产品评价 物流周转箱》等国家标准编制项目。

第二节 绿色物流系统概述

一、绿色物流系统的要素

绿色物流系统的要素包括绿色交通运输、绿色仓储与保管、绿色装卸与搬运、绿色包装、绿色流通加工、绿色信息收集和管理、废弃物物流的管理。

(一) 绿色交通运输

绿色交通运输是为了降低物流活动中的交通拥挤、污染等带来的损失，促进社会公平、节省建设维护费用，从而发展低污染、有利于环境的多元化交通工具，来完成物流活动的交通运输系统，以及为了最大限度地降低交通污染程度而采取的对交通源、交通量、交通流进行规制的体系。绿色交通运输理念是通达有序、安全舒适、低能耗与低污染三方面的结合。绿色交通运输在更深层次上的含义是一种和谐的交通。

(二) 绿色仓储与保管

仓储与保管是物流活动的重要构成要素，在物流活动中起着重要的作用。绿色仓储与保管是在储存环节为减少储存货物对周围环境的污染及人员的辐射与侵蚀，同时避免储存物品在储存过程中的损耗，而采取的科学、合理的仓储保管策略体系。

在整个物流仓储与保管过程中，要运用最先进的保质保鲜技术，保障存货的数量和质量，在无货损的同时消除污染。尤其要注意防止有毒化学品，放射性易燃、易爆商品的泄漏和污染。一般在储存环节，应加强科学养护，采取现代化的储存与保养技术，加强日常的检查与保护，使仓库设备和人员尽可能少受侵蚀。

(三) 绿色装卸与搬运

绿色装卸与搬运是为尽可能减少装卸与搬运环节产生的粉尘、烟雾等污染物而采取的现代化的装卸与搬运手段及措施。在货物集散场地，尽量减少商品的泄漏和损坏，杜绝粉尘、烟雾污染；清洗货车的废水要处理后排出；采用防尘装置，制定最高容许浓度标准；废水应集中收集、处理和排放，加强现场的管理和监督。

(四) 绿色包装

绿色包装是绿色物流体系的一个重要的组成部分。绿色包装是指能够循环复用、再生利用或降解腐化，且在产品的整个生命周期中对人体及环境不造成公害的适度包装。包装产品从原材料选择、产品制造、使用到回收的整个过程均应符合生态环境保护的要求。绿色包装包括节省资源、能源，减量、避免废弃物产生，易回收复用，再循环利用，可焚烧或降解等生态环境保护要求的内容。从对绿色包装的分析可看出，绿色包装最重要的意义是保护环境，同时兼具资源再生的意义。

(五) 绿色流通加工

流通加工是指在商品流通过程中继续对流通中的商品进行生产性加工，以使其成为更能满足消费者需求的最终产品。流通加工具有较强的生产性，也是流通部门对环境保护可以有大作为的领域。绿色流通加工是出于环保考虑的无污染的流通加工方式及相关政策、措施的总和。绿色流通加工的途径主要有两个：一是变消费者分散加工为专业集中加工，以规模作业的方式提高资源利用效率，以减少环境污染，如餐饮服务业对食品的集中加工，减少家庭分散烹调所造成的能源浪费和空气污染；二是集中处理消费品加工过程中产生的边角废料，以减少消费者分散加工所造成的废弃物污染，如流通加工部门对蔬菜的集中加工减少了居民分散垃圾丢放及相应的环境治理问题。

(六) 绿色信息收集和管理

物流不仅是商品空间的转移，也包括相关信息的收集、整理、储存和利用。绿色信息的收集和管理是企业实施绿色物流战略的依据。面对大量的绿色商机，企业应从市场需求出发，收集相关的绿色信息，并结合自身的情况，采取相应的措施，深入研究信息的真实性和可靠性。绿色信息包括绿色消费信息、绿色科技信息、绿色资源和产品开发信息、绿色法规信息、绿色组织信息、绿色竞争信息、绿色市场规模信息等。绿色物流要求收集、整理、储存各种绿色信息，并及时运用到物流中，促进物流的进一步绿化。

(七) 废弃物物流的管理

从环境的角度看，大量生产、大量消费的结果必然导致大量废弃物的产生，尽管已经采取了许多措施加速废弃物的处理并控制废弃物物流，但从总体上看，大量废弃物的出现仍然对社会产生了严重的消极影响，导致废弃物处理的困难，而且会引发社会资源的枯竭及自然资源的恶化。因此，21世纪的物流活动必须有利于有效利用资源和维护地球绿色。

废弃物物流指将经济活动或人民生活中失去原有使用价值的物品，根据实际需要进行收集、分类、加工、包装、搬运、储存等，并分送到专门处理场所的物流活动。废弃物物流的作用是，无视对象物的价值或对象物没有再利用价值，仅从环境保护出发，将其进行焚化、化学处理或运到特定地点堆放、掩埋。减少废弃物物流，需要实现资源的再使用(回收处理后再使用)、再利用(处理后转化为新的原材料使用)，为此应建立一个包括生产、流通、消费的废弃物回收利用系统。要达到上述目标，企业就不能只考虑自身的物流效率化，而是需要从整个产供销供应链的视野来组织物流，而且随着这种供应链管理的进一步发展还必须考虑废弃物的循环物流。管理型物流追求与交易对手共同实现效益化，供应链型物流追求从生产到消费流通全体的效益化，循环型物流应追求从生产到废弃物全过程效率化，这是21世纪绿色物流管理的重大课题。

二、绿色物流系统的特征

绿色物流除了具有一般物流所具有的特征外，还具有学科交叉性、多目标性、多层次性、时域性和地域性等特征。

(一) 学科交叉性

绿色物流是物流管理与环境科学、生态经济学的交叉学科。由于物流与环境之间的密切关系，在研究社会物流与企业物流时必须考虑环境问题和资源问题；又由于生态系统与经济系统之间的相互作用和相互影响，生态系统也必然会对经济系统的子系统——物流系统，产生作用和影响。因此，必须结合环境科学和生态经济学的理论、方法进行物流系统的管理、控制和决策，这也正是绿色物流的研究方法。学科的交叉性，使得绿色物流的研究方法复杂，研究内容十分广泛。

(二) 多目标性

绿色物流的多目标性体现在企业的物流活动要顺应可持续发展的战略目标要求，注重对生态环境的保护和对资源的节约，注重经济与生态的协调发展，追求企业经济效益、消费者利益、社会效益与生态环境效益四个效益目标的统一。绿色物流的多目标之间通常是相互矛盾、相互制约的，一个目标的增长往往以另一个或几个目标的下降为代价，如何取得多目标之间的平衡正是绿色物流要解决的问题。从可持续发展理论的观点看，生态环境效益的保证将是前三者效益得以持久保证的关键所在。

(三) 多层次性

绿色物流的多层次性体现在三个方面。

第一，从对绿色物流的管理和控制主体角度看，绿色物流活动可分为社会决策层、企业管理层和作业管理层等三个层次，或者说是宏观层、中观层和微观层。其中，社会决策层的主要职能是通过政策、法规的手段传播绿色理念；企业管理层的职能则是从战略高度与供应链上的其他企业协同，共同规划和控制企业的绿色物流系统，建立有利于资源再利用的循环物流系统；作业管理层的主要职能是物流作业环节的绿色化，如运输的绿色化、包装的绿色化、流通加工的绿色化等。

第二，从系统的角度看，绿色物流系统是由多个单元(或子系统)构成的，如绿色运输子系统、绿色仓储子系统、绿色包装子系统等。这些子系统又可按空间或时间特性划分成更低层次的子系统，每个子系统都具有层次结构，不同层次的物流子系统通过相互作用，构成一个有机整体，实现绿色物流系统的整体目标。

第三，绿色物流系统是另一个更大系统的子系统，这就是绿色物流系统赖以生存、发展的外部环境，包括法律法规、政治、文化环境、资源条件、环境资源政策等，它们对绿色物流的实施将起到约束作用或推动作用。

(四) 时域性和地域性

时域性指绿色物流管理活动贯穿于产品的生命周期全过程，包括从原材料供应、生产内部物流、产成品的分销、包装、运输，直至报废、回收的整个过程。

绿色物流的地域性体现在两方面：一是由于经济的全球化和信息化，物流活动早已突破地域限制，呈现出跨地区、跨国界的发展趋势。相应地，对物流活动绿色化的管理也具有跨地区、跨国界的特性。二是绿色物流管理策略的实施需要供应链上所有企业的参与和响应。例如，欧洲一些国家为了更好地实施绿色物流战略，对托盘的标准、汽车尾气排放标准、汽车燃料类型等都进行了规定，其他国家的不符合标准的货运车辆将不允许进入本国。跨时域、跨地域的特性也说明了绿色物流系统是一个动态的系统。

三、绿色物流系统的设计目标和原则

由前面的分析可知，绿色物流应当是由政府、企业和社会公众共同参与并推动发展的，它几乎涉及社会的方方面面。而目前的绿色物流系统大都只是从减污减排、抑制环境污染的角度来论述与构建的，因此所构建的绿色物流系统往往只是物流系统中某些环节的绿色化，是一种平面的、线性的系统。

循环经济理论要求以避免废物产生为经济活动的有效目标，基于减量化(reduce)、再利用(reuse)和再循环(recycle)3R原则，每一原则对循环经济理论的成功实施都是必不可少的。但事实上，只有减量化原则才具有循环经济第一法则的意义。减量化原则意味对物流各个环节进行资源控制和环境关注，也意味绿色化并不是物流的一个组成部分，而是贯穿物流的整个过程中，所有高效、节能、减排的物流系统都是绿色物流。所以，物流系统必须运用系统工程原理来构建和运营。

因此，绿色物流系统设计应根据社会经济发展情况、物流行业的现状和存在的问题，以降低污染物排放、减少资源消耗为目标，实现物流资源的有效配置和充分利用，实现物流管理和服务过程的优化、协调，在同一基础上对各个子系统进行统一建设和实现，建立一个完整统一、管理先进、技术高效的绿色物流系统，从而健康地完成物流发展目标，提升物流的现代化管理水平和服务工作的效率与效益，全面实现经济的可持续发展。

由此，绿色物流系统的设计原则如下。

(1) 整体性原则。整体性原则要求从整体出发，来分析绿色物流系统中的各个要素及其之间的相互关系，从而达到对物流系统的整体性认识。绿色物流系统中的各要素之间存在特定的关系，从而使整个系统具有一定的结构和功能。设计绿色物流系统时，要对整个地区的经济结构、物流节点数量与分布，以及物质流、能量流及其输送系统等进行全面考虑。

(2) 层次性原则。层次性原则要求系统应因其行为主体、功能目标的层次不同而相应具备一定的层次性，对每一层次的建设都要有相应的内容。

(3) 目标性原则。系统的设计要以地区的性质、功能和总的建设目标为依据，同时要考虑技术经济水平，全面分析经济效益。

(4) 适宜性原则。绿色物流系统的设计要与地区的总体布局、经济发展及生产力布局相结合，适宜地方经济的发展。

(5) 动态性原则。动态性即系统的过程性或历史性。由于系统的开放性使之能从外界吸收能量、信息、物质，成为动态的活结构，从而处于运动变化之中，并随时间的流动而变化。绿色物流系统也是动态的，随着时代的发展而发展。

第三节　物流系统要素的绿色化

一、包装的绿色化

包装是物流活动对环境造成污染的重要环节之一。由于包装耗费了大量的自然资源，且包装废弃物造成了大量的城市垃圾，因此在物流过程中，发展绿色物流包装不仅是必要的，也是迫切的。

(一) 物流包装及绿色包装

为了便于物流过程中的运输、储存、装卸、堆码、发货、收货、销售等作业，需要将一定数量以销售包装形式存在的商品再次包装成一定的数量单元，或者对商品包装进行加固、分装、重新包装等操作，这种包装形式就是物流包装。物流包装的主要目的是在物流运输阶段保护物流商品，采用防震保护技术、防破损保护技术、防锈包装技术、防霉腐包装技术、防虫包装技术、危险品包装技术、特种包装技术等。

绿色包装是指完全以天然植物或有关矿物为原料制成的，能循环和再生利用、易于降解、可促进持续发展的，且在产品的整个生命周期中对生态环境、人体和牲畜的健康无害的环保型包装。概括来讲，绿色包装包括两层含义：一是整个包装过程对生态环境、人体和牲畜的健康不会造成污染与损害；二是使用的包装材料必须是可再生利用的可持续发展物资，也就是说包装材料须是取之于自然又能回归于自然。

(二) 绿色包装材料与绿色包装方式

1. 绿色包装材料

绿色包装材料是指能够循环复用、再生利用或降解腐化，不会造成资源浪费，并在材料存在的整个生命周期中对人体及环境不造成公害的包装材料。目前，在物流包装过程中，常见的绿色包装材料如下。

1) 竹制包装材料

竹纤维结构相互垂直，按经纬编织成席后经干燥、涂胶、组坯、热压合而制成的竹编胶合板具有强度高、价格低、重量轻、废弃物易回收、不污染环境等特点，是一种优良的绿色包装材料。我国很多地方已逐步采用竹编胶合板制成各类大、中、小型包装箱，用于机械设备和出口机电产品的包装。竹编胶合板节省资金，成本比木制包装降低一半左右，可逐渐代替木制包装材料。

竹材除了制成竹编胶合板，还可编织成竹筐，包装一般的小型机电产品，也可以作为菱镁砼包装材料中的筋材，用于制作各种机电产品的包装箱等。

2) 纸质包装材料

在物流过程中，为了减缓内装物受到的碰撞和冲击，必须利用缓冲包装材料对产品进行缓冲包装，从而起到缓冲隔震的作用，进而保护产品。目前，常用的缓冲包装材料有瓦楞纸板、蜂窝纸板、纸浆模塑等。

(1) 瓦楞纸板。在包装上，瓦楞纸板是一种应用较广的以纸代木的板材。瓦楞纸板的强度高、缓冲性能好，可以避免产品在运输过程中受到碰撞和冲击，特别适合机械、机电等产品的运输包装。按照瓦楞的形状，可分为U、V、UV形瓦楞纸板；按照瓦楞的层数，可分为一层、双层、三层、五层、七层纸板(即多重瓦楞纸板)；按照瓦楞层截面的结构，可分为A、B、C、D、E共5种瓦楞纸板。近几年来，随着对瓦楞楞型微型化研究的深入，一种可代替厚纸板的微型瓦楞纸板材料备受青睐。由于微型瓦楞纸板具有楞数多，楞高低，纸板的平面方向和平行方向的承压强度高，缓冲性能好等特点，目前已经成为一些小型家电产品包装的新宠。比如在美国，数码产品和小家电产品对微型瓦楞包装的用量正以每年2%的速度增长。2004年，欧洲微型瓦楞包装用量占到包装总量的12%。在楞型上，正朝着G楞、N楞发展。明基、海尔、联想、飞利浦、索尼等企业的数码产品和小家电产品都使用微型瓦楞包装。

(2) 蜂窝纸板。蜂窝纸板是根据自然界蜂巢结构原理制作的，是以牛皮纸、再生纸等为原料，通过专用设备制成类似蜂窝状的网芯，并在其两面粘合面纸而成的一种新型纸制板材。蜂窝纸板具有结构新颖、强度高、承重大、弹性好、重量轻、成本低、节省资源、保护生态环境等优点，而且经过特殊处理后能够阻燃、防潮、防水、防霉、防静电等，是物流包装领域替代木箱、木质托盘、泡沫衬垫的理想产品，符合国际包装工业材料应用发展趋势。目前，蜂窝纸板在电子产品的包装中有广泛应用。

(3) 纸浆模塑。纸浆模塑是一种立体造纸技术，它是以废纸浆或植物纤维浆为原料，在模塑机上用带滤网的模具在压力、时间等条件下，通过纸浆脱水、纤维成型而生产出所需产品的一种加工方法。纸浆模塑制品除具有质轻、价廉、防震等优点外，还具有透气性好、有利于生鲜物品的保鲜等特点，在物流运输过程中，被广泛用于蛋品、水果、玻璃制品等易碎、易破、怕挤压物品的周转包装上，是目前流行于国内外市场的泡沫塑料包装材料的换代产品。

纸浆模塑制品的种类及应用如下。

禽蛋托盘：纸浆模塑制品适用于鸡蛋、鸭蛋及鹅蛋的大批量包装运输。

工业托盘：取代可发性聚苯塑料泡沫包装，主要用于家用电器、空调机、电风扇、缝纫机、收录机、计算机、传真机、电话机、仪表仪器、瓷器、玻璃瓶、半导体器件、医疗器械、饮具、工艺品等产品的包装。

农用托盘：主要用于秧田、农作物的营养钵，花卉苗木护罩，粮食、蔬菜、鲜肉类的包装。农用托盘在农副产品的保鲜、提高农作物的成活等方面具有独特的优势。

军工产品包装：用于子弹、手雷、火药类武器的包装。因为纸浆模塑包装能避免塑料泡沫包装的静电现象，安全性高。

食品包装：用于快餐、啤酒、罐头等产品的包装，作为一次性碗、碟的材料。

电子产品包装：手机、电话机、传真机、打印机、电子琴等体积小、重量轻的电子产品逐渐采用纸浆模塑作为缓冲包装材料，替代了发泡塑料。当前人们普遍使用的手机的内衬包装基本上都是纸浆模塑材料。

以农作物废弃物、草本植物和废纸为主要原料的植物纤维，经粉碎、脱色、着色、发泡、成型等工艺，可以制成一种可完全降解的绿色缓冲包装材料，目前在我国主要用于制作餐具以取代发泡餐具。植物纤维发泡制品还被用来作为工业包装的内衬，以及瓷器、洁具、玻璃器具等产品的缓冲包装材料。

3) 可降解塑料

随着材料技术的发展，目前已研制出新的可降解塑料，解决了塑料包装材料的回收再循环利用难题。目前已研制出的可降解塑料有生物降解塑料、水解降解塑料、氧化降解塑料及光降解塑料，它们分别是在微生物、水解、氧化及自然光的条件下，化学结构发生明显变化而引起某些性质损失的塑料。已发明的产品有共聚型光降解聚苯乙烯薄膜/泡沫塑料、共聚型光降解低/高密度聚乙烯、烃基丁酸的聚酯PHB(用沼气和细菌生产的可生物降解塑料)、水解聚乙烯-聚乙二醇薄膜等，它们广泛用于食品包装内衬、医用材料和个人卫生用品等领域，市场潜力极大。

4) 轻量化玻璃包装材料

一些玻璃容器的包装厂家，为了追求产品的气质和造型，常常制造出厚重、敦实的瓶子，造成了过度包装。有些厂家通过采取对玻璃成分改性，进行合理的结构设计、正确的工艺安排及有效的表面处理等强化措施达到瓶壁薄、强度高的较量化目标。目前，无铅玻璃、微晶玻璃、无机抗菌玻璃等绿色包装材料也纷纷投入使用。

5) 铝箔及喷铝包装材料

铝不仅密度小、阻隔性好、延展性和韧性好、卫生性能好、印刷适性好、回收再利用率高，而且环保性能好。因此，铝罐、纯铝箔、喷铝膜是一种对环境无污染、可再生的轻量金属包装材料。铝是食品、饮料、医药、烟草等行业不可缺少的包装原材料，其市场前景十分可观。比如铝箔复合加工纸、铝塑复合罐材、铝塑复合软管、铝塑复合泡罩包装材料等产品，应用十分广泛。

6) 纳米包装材料

纳米技术是21世纪三大科学技术之一。采用纳米技术对传统包装材料进行改性后，新材料具有高强度、高硬度、高韧性、高阻隔性、高降解性及高抗菌能力等特点，这有利于在实现包装功能的同时实现绿色包装材料的绿色性能、资源性能、减量化性能及回收处理性能等。对塑料进行纳米改性后，便于实现包装的减量化，便于增强材料的可降解性能。对木材进行纳米改性后，可以使低档的木材达到高档木材的性能，从而实现节约资源的目的。纳米复合包装材料、纳米抗菌包装材料、纳米基板包装材料、纳米阻隔性包装材料都为包装材料的绿色化提供了良好的应用前景。

当然，绿色包装胶黏剂、绿色包装印刷油墨等绿色包装辅助材料对绿色包装的影响也颇大。若不使用环保材料，就会直接影响人们的健康，对环境造成危害。总之，绿色包装材料是发展绿色物流包装的关键，对减少包装废弃物污染、节约包装资源、发展包装循环经济具有重要意义。

2. 绿色包装方式

(1) 可重用的物流包装容器。可重用的物流包装容器的储存和运输一定要方便，成本低，且容器应具有一定的承载力。一般在容器的适当地方采用活动的连接方式使其可折叠、可拆卸。目前，这类容器有三种：一是有盖(从中间分别向两边打开)或无盖，四个侧面设计成具有一定楔角形式的塑料制可套放的物流包装容器，一般套放在一起，可降低运输成本和储存成本；二是铰链连接，四个侧面可拆卸，并与底部，顶部分离的木质散货包装容器，经过拆卸后可折叠成平板状，方便储运；三是用于散货、小件杂货等物流包装的金属制网箱，一般也采用可拆卸的结构形式。

(2) 集合包装方式。集合包装是将一定数量的包装件或产品装入具有一定规格、强度和能长期周转使用的更大包装容器内，形成一个合适的搬运单元的包装技术。集合包装能节约包装材料，降低包装成本，还能促进物流包装标准化和规格化。集合包装的方式较多，有集装箱集装袋、托盘集装、无托盘集装、框架集装等。其中，用塑料托盘代替木质托盘已成为欧美等地区的首选绿色包装方式，因为塑料托盘不仅可以全部回收利用，减少了因此产生的垃圾，还避免了每年成千上万亩森林的损失。

在工业包装中，通常将个别商品和零部件用箱、包、盒和桶进行成组化包装以提高操作管理的效率。这些容器用来使零散商品成组化，组成MCS(Master Canons，主要单元)，当MCS组成更大的单元时，就称作成组化或集装化。成组化基本方法包括刚性容器形成单位载荷的成组化方法和承载工具的成组化方法。成组化包括从将两个MCS捆在一起的成组化到使用专门的运输设备成组化的所有形式，所有类型的成组化都有一个基本目的，即提高材料搬运的效率，并节省包装能源，防止产品泄漏和污染环境，从而达到绿色包装的目的。

(3) 采用窄胶带。窄胶带使用方便，适用范围广，不仅适用于纸箱包装，也适用于包装袋、木箱等各种包装材料。窄胶带比宽胶带更加轻便，可以减少运输成本和能源消耗。窄胶带在包装时的黏合面积相对较小，因此可避免过度包装和浪费，同时也更易于拆封和回收。由于窄胶带宽度较小，占用的物品表面面积较小，可以在包装物品表面标记更多的信息，如产品名称、规格、生产日期等，提高了物流管理的效率。

(4) 减少油墨的使用。包装中减少油墨使用的方法包括但不限于：采用可重复使用的包装材料，如可回收利用的纸箱、木箱等；使用已经印刷好的包装材料，减少在包装环节单独印刷标签等；采用环保型印刷油墨，如水性油墨、UV油墨等；缩短产品包装周期，减少储存时间和运输次数，从而减少不必要的重新包装和标识过程；设计简洁、清晰的包装图案和文字，以减少油墨用量，同时增加包装的美观性和可识别度；引入生物降解材料制作包装袋、填充材料等，减少对传统塑料材料和油墨的使用。

(5) 推广原箱发货。推广原箱发货有以下几个优点：减少包装材料的使用，降低了成本，并且可减少对环境的负面影响；可以保持货物原本的外观和形态，避免商品损坏或变形的可能性，在运输过程中更加安全、可靠；可以使储存、查找和处理货物更加方便、快捷，减少了浪费在分类、整理和拆封等环节的时间和精力；还可以降低物流供应链的复杂度和风险，简化管理过程，提高物流效率。

(三) 物流包装的绿色化策略

推行绿色包装的目的就是最大限度地保存自然资源，形成最小数量的废弃物和最低程度的环境污染。

1. 强化绿色包装意识

目前不少企业在对产品进行包装时仍然较多地把注意力集中于对商品使用价值的保护上，而对环保问题却很少考虑。在"绿色浪潮"席卷全球的今天，企业应树立绿色营销观念，进一步认识绿色包装在国际流通领域的地位和作用，清醒地认识到发展绿色包装不但可以降低能耗和成本、减少污染，而且可以提高企业形象，增加消费者对企业的认同感和信任感，从而提高产品的国际竞争力。目前，不少企业已经意识到这一点，产品包装已向减量化、轻量化和绿色环保方向发展，对新型、节能、环保包装材料的需求持续增高，如一些出口的整机仪器、家用电器的包装已经以瓦楞纸板、蜂窝纸板、竹胶板等环保材料取代木质托盘、包装箱和EPS发泡塑料缓冲衬垫。

2. 落实绿色包装的3R1D原则和无毒无害原则

3R1D原则是当今世界公认的发展绿色包装原则。

(1) 实行包装减量化(reduce)。包装在满足提供保护、方便销售等功能的前提下，应将用量减到最少。

(2) 包装应易于重复利用(reuse)或易于回收再生(recycle)。包装可通过采取生产再生制品、焚烧利用热能、堆肥改善土壤等措施，达到再利用的目的。

(3) 包装废弃物可以降解(degradable)、腐化，不形成永久垃圾，进而达到改善土壤的目的。

此外，绿色包装的落实还要基于以下两方面的无毒无害原则。

第一，包装材料对人体和生物应无毒无害。包装材料中不应含有带毒性的元素、卤素、重金属，或含有量应控制在有关标准以下。

第二，包装制品从原材料采集、材料加工、制造产品，产品使用、废弃物回收再生，直到最终处理的生命周期全过程中，均不应对人体及环境造成公害。

3. 积极利用和开发绿色物流包装材料

绿色包装材料是发展绿色物流包装的关键，研究与开发无公害的绿色包装材料是当前世界各国关注的热点。对物流包装来说，一个重要的问题就是开发高强度、大板面、绿色性能好、无公害、易回收再利用、轻量化的绿色物流包装材料，它已成为决定绿色物流包装顺利发展的技术关键，应引起高度重视。

4. 充分利用可回收容器

我国人口众多，包装废弃物总量高，给生态环境造成了一定的污染。另外，我国是发展中国家，人均资源不足，然而废弃物利用率却很低。我国每年还要花费大笔外汇进口数十万吨纸浆，造成资源浪费的同时导致外汇流出。为解决这一问题，应在物流包装中广泛采用可回收容器。目前，可回收容器的使用越来越普遍，它们均有一个共同点：有一个完整的标记系统以控制容器的流通。在可回收容器使用系统中，各方必须明确地使用这种标记以达到容器利用率的最大化。否则，容器会丢失、误放或被遗忘。

5. 包装模数化

确定包装基础尺寸的标准，即包装模数化。包装模数标准确定以后，各种进入流通领域的产品便需要按模数规定的尺寸包装。模数化包装有利于小包装的集合，便于利用集装箱及托盘装箱、装盘。包装模数如果能和仓库设施、运输设施尺寸模数统一化，则利于运输和保管，从而使物流系统更加合理。

6. 包装的大型化和集装化

包装的大型化和集装化有利于物流系统在装卸、搬迁、保管、运输等过程中的机械化，可以加快这些环节的作业速度，有利于减少单位包装，节约包装材料和包装费用，有利于保护货体。例如采用集装箱、集装袋、托盘等集装方式。

7. 包装多次、反复使用和对废弃包装进行再生处理

采用通用包装，不用专门安排回返使用；采用周转包装，可多次反复使用，如饮料瓶、啤酒瓶等；梯级利用，一次使用后的包装物用毕转作它用或简单处理后转作它用；对废弃包装物进行再生处理，转化为其他用途或用于制作新材料。

二、运输的绿色化

(一) 绿色运输的概念和途径

所谓绿色运输，指的是以节约能源、减少废气排放为特征的运输，绿色运输是绿色物流的一项重要内容。根据运输环节对环境的影响，运输绿色化的关键原则就是降低运输工具的行驶总里程。基于这一原则，运输的绿色化可以采取以下途径。

(1) 结合其他几种运输方式，降低公路运输的比例。

(2) 采用环保型运输工具和清洁燃料。主要针对货运汽车，采用节能型或以清洁

燃料为动力的汽车，减少运输燃油污染。

(3) 构建绿色物流网络。通过合理的网点及配送中心布局构建路程最短、最合理的物流运输网络，避免货物迂回运输，减少货运总里程和车辆空驶率；设计合理的存货策略，适当加大商品运输批量，以便减少无效运输，进而提高运输效率。

(4) 采用绿色货运组织模式。在城市货运体系中，通过组织模式的创新，降低货车出动次数、行驶里程、周转量等。

(二) 可持续发展对现代运输业发展的基本要求

从可持续发展的具体含义来看，节约能源与资源、降低各种污染、保护自然环境这三点，应是可持续发展对现代运输业发展的基本要求。

1. 可持续发展对运输设施的基本要求

在运输设施方面，由于在经济发展水平相对落后的发展中国家，交通运输仍是制约其社会经济发展的重要因素，因此，建立能满足可持续发展需要的交通网络与基础设施，对于发展中的国家与地区来说有着十分重要的意义。实践中，有必要继续加强交通运输业的基础设施建设，并力争使其增长速度能与社会经济发展的实际需求相匹配，力争使运输业的网络布局能适应工农业生产及人口分布的需要。不仅如此，在进行运输设施建设的具体规划时，还应重视道路建设对生态环境和社会环境所带来的影响。此外，在建设新的运输网络的同时，也不能忽视对现有运输设施的改造，尤其是要采取切实措施以真正减少对稀缺土地资源的过度消耗。对于铁路、公路、水运、航空、管道这五种运输方式，更要在切实保证相互之间的协调配合以及避免重复建设的基础上，充分发挥各种运输方式的优势。

2. 可持续发展对运输工具的基本要求

运输工具既是客货运输的载体，又是能源的直接消耗者和环境污染的直接产生者。可持续发展运输体系对运输工具的基本要求应该是既能以足够的能力和多样化的服务满足各种运输数量和质量需求，又能适应社会对降低能耗和减少环境污染的发展要求。

首先，低能耗及能源多样性要求。目前的运输工具大多以石油制品作为动力，运输工具每年消耗了全球石油产量的50%以上。因此，可持续发展一方面要求运输工具降低能源消耗，提高单位燃料所能行驶的千米数；另一方面要减轻运输工具对石油资源的依赖，积极开发和推广使用以其他能源为动力的运输车辆，如电动汽车、电力机车、太阳能汽车，以及可使用各种替代燃料(例如乙醇、压缩天然气、氢气等)的运输工具。

其次，车辆行驶中的清洁性要求。运输工具的环境问题主要是由运输工具在使用过程中排放废气而产生的。要实行清洁运输，一方面，要尽量使用以清洁燃料为动力的运输工具；另一方面，要在车辆的生产制造环节就采取各种污染防治措施，例如，采用电控燃油喷射、二元催化转化器、废气再循环等污染控制技术是降低废气污染、改善空气质量的主要措施，这些防污装置应该在车辆出厂前就安装。

最后，运输工具的多样性要求。旅客和货物运输需求的多样性决定了运输工具的多样性，例如运输速度最快的飞机，适合中长距离的火车和长途汽车，方便、灵活的小汽车等。在货运方面，还需要根据不同的货物选择专业的运输工具，如石油等液体货物需要使用油轮、罐车或管道，集装箱需要使用装箱车/船，鲜活易腐货物需要使用冷藏车等。

(三) 不同运输模式的可持续性对比

据中国物流与采购联合会绿色物流分会测算，2020年我国物流业能源消耗量和二氧化碳排放量分别为3.93亿吨标准煤和8.80亿吨，占我国能源消耗总量和二氧化碳排放总量的比重分别为7.88%和8.82%。总体来看，物流业能源消耗量占我国能源消耗总量的比重为8%～9%，二氧化碳排放量占我国二氧化碳排放总量的比重为9%～10%。根据物流活动类型分析物流业能源消耗和二氧化碳排放情况，运输及配送活动能源消耗量和二氧化碳排放量占物流业能源消耗总量和二氧化碳排放总量的比重分别为92%和85%左右；装卸、搬运及仓储活动能源消耗量和二氧化碳排放量比重分别为5%和10%左右；辅助生产活动能源消耗量和二氧化碳排放量比重分别为3%和5%左右。因此，物流运输及配送活动是物流业能源消耗和二氧化碳排放的主要活动。

物流运输及配送活动能源消耗和二氧化碳排放分别由2000年的1.25亿吨标准煤和2.64亿吨，增长为2020年的3.59亿吨标准煤和7.36亿吨，均增长了近2倍。物流运输及配送活动能源消耗和二氧化碳排放增长一方面是由于社会经济和货运业务需求的快速增长，另一方面是由于物流运输基础设施与设备的快速发展。2021年，我国公路里程、民用载货汽车拥有量、铁路营业里程、港口万吨级以上泊位、定期航班航线里程、民用飞机数量、民用机场数量、管道里程分别由2001年的169.8万千米、7.7百万辆、7.0万千米、586个、155.4万千米、1031架、143个、2.8万千米增长至528.1万千米、32.6百万辆、15.1万千米、2659个、689.8万千米、7072架、248个、13.1万千米；以上交通运输设施设备比2001年分别增长2.1倍、3.3倍、1.1倍、3.5倍、3.4倍、5.9倍、0.7倍、3.8倍，如图1-1所示。公路、铁路、水路、航空、管道五种货物运输方式的基础设施与设备的快速发展有力支撑了物流活动的增长。

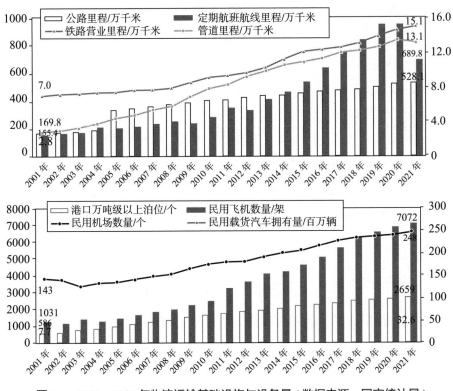

图1-1 2001—2021年物流运输基础设施与设备量（数据来源：国家统计局）

为实现基于可持续发展的绿色物流的运输，对不同运输方式的可持续性进行对比，有相当重要的必要性与现实意义。由于现阶段的运输方式基本是以铁路、公路、水运、航空、管道这五种运输方式为主，因此，在具体的比较性研究中，将在这五种方式中展开。

1. 各种运输方式的资源利用对比

考虑到运输问题涉及领域的广泛性与复杂性，再加之相关数据及资料来源的限制，具体讨论时，只着重介绍与交通运输有密切关系的能源与土地这两种资源。在能源消耗方面，五种运输方式相比，一般铁路、水运和管道运输较低，而公路与航空则相对较高。在土地占用方面，五种运输方式相比，为完成同样的运输任务，铁路与公路占用的土地最多，其他三种方式占用的土地数量则相对较少。结合我国相关部门数据和行业情况可得出我国不同运输方式的能耗参考数据，如表1-2所示。

表 1-2 我国不同运输方式的能耗参考数据

单位：千克标准煤/万折算吨千米

年份	铁路综合[a]	铁路主营综合[a]	规模公路货运[b]	远洋和沿海货运企业[b]	民用航空货运[c]
2011年	47.6	39.0	220	37.80	4193.49
2012年	47.2	38.9	170	33.50	4311.20
2013年	46.6	38.8	190	31.90	4370.06
2014年	45.1	38.2	199	27.50	4355.34
2015年	46.8	40.5	185	28.40	4325.92
2016年	47.1	41.5	178	27.00	4311.20
2017年	43.3	39.6	184	23.80	4311.20
2018年	41.1	39.0	204	22.18	4222.92
2019年	39.4	38.4	174	25.97	4193.49
2020年	43.9	43.2	174[d]	25.97[d]	4649.62

注：[a] 国家铁路局《铁道统计公报》；[b] 交通运输部《交通运输行业发展统计公报》；[c] 中国民用航空局《民航行业发展统计公报》；[d] 2020年能源消耗数据无法获取，暂使用2019年数据。

2. 各种运输方式对环境的影响

各种运输方式的运营特点不同，对环境影响的方式与影响的程度也有很大不同。

1) 大气污染方面

综合而言，由于内燃机的广泛使用，运输产生了对外部环境污染的负效应。实际上，内燃机的排放物不仅对空气质量有影响，也影响全球气候。五种运输方式相比，铁路运输中，内燃机只会产生少量的污染；航空运输中，当飞机在低空飞行时，其排出的废气会破坏大气的臭氧层；海洋及内河运输中，船舶航行时也会因燃油燃烧而排出废气；相比而言，公路运输中产生的废气是最多的，而管道运输方式则基本上不产生废气污染。2021年，全国机动车污染物中，柴油车氮氧化物排放量超过汽车排放总量的80%，颗粒物超过90%[①]。

2) 水体污染方面

修建铁路时，会对沿线的水体及河流造成污染；修建公路时，既会改变水系，也会污染地表水和地下水；修建机场时，会对地表水产生影响；港口建设与开凿运河、疏浚河道等，也会改变水系和污染水域；相比而言，港口建设对水域的污染和破坏要更明显与严重一些。

---

① 数据来源：中华人民共和国生态环境部《中国移动源环境管理年报(2022)》。

3) 固体废弃物和油料泄漏方面

五种运输方式在固体废弃物和油料泄漏方面并无明显差别，因为它们对环境的影响主要表现在废弃的设备、设施，以及各种客货运所产生的废弃物的污染上。汽车废旧壳体的大量堆积是环境污染的潜在隐患；废弃的油料经常渗入土壤和水体中，也不可避免地造成水质污染；航空运输中，特别是货物的装载和卸载、航空器的运行、设备维修、燃料加注、解冻和清洗等，都会造成环境污染；塑料品和船上垃圾会对海洋环境造成污染，鸟和海洋生物等易受这种污染的影响。

4) 噪声污染方面

发达的公路运输网络所产生的噪声污染几乎影响社会的每个角落；铁路及水运线作为一种移动点污染源，随着运输工具和运输频率的增加，已经逐步转化为线状噪声源；飞机起降时的噪声对机场附近的居民更是有较大危害。

5) 事故影响方面

相对而言，公路运输发生的交通事故最为频繁；铁路与航空运输虽较为安全，但一旦发生事故，后果也是相当严重的；管道运输的事故主要是燃料和危险品的泄漏。

在上述各种影响中，有许多因素是难以量化和无法量化的，因此在分析中，一般将易于量化的空气污染和温室气体的排放量作为运输方式影响环境的两个主要特征值；同时，又考虑到不同运输方式所完成的运输量的不同，一般根据单位周转量产生的污染物来进行具体的衡量。

为方便组织机构、企业和个人准确、便捷、统一地计算碳足迹，建立公开、透明、动态更新且覆盖较全面的中国产品全生命周期温室气体排放数据集，生态环境部环境规划院碳达峰碳中和研究中心联合北京师范大学生态环境治理研究中心、中山大学环境科学与工程学院，在中国城市温室气体工作组统筹下，组织24家研究机构的54名专业研究人员，建设了中国产品全生命周期温室气体排放系数集。《中国产品全生命周期温室气体排放系数集(2022)》主要基于《ISO 14067：2018 温室气体-产品碳足迹-量化要求和指南》中介绍的基本原则和方法，确定产品全生命周期温室气体排放，包括原材料获取、生产、使用和废弃的整个生命周期。为了方便使用，将单位产品全生命周期排放分为上游排放、下游排放和废弃物处理排放。该系数集是基于公开文献的收集、整理、分析、评估和再计算而得出，共有6大专题，其中的交通服务专题显示了我国产品全生命周期温室气体排放系数集(2022)——交通排放信息，如表1-3所示。

表1-3 我国产品全生命周期温室气体排放系数集(2022)——交通排放

单位：千克二氧化碳当量/(人·千米)

1级分类	2级分类	3级分类	下游排放
交通排放	道路交通(客运)	道路交通(客运)平均	0.028
交通排放	道路交通(客运)	柴油公交车	0.015
交通排放	道路交通(客运)	电动公交车	0.009
交通排放	道路交通(客运)	天然气公交车	0.005
交通排放	道路交通(客运)	柴油出租车	0.045
交通排放	道路交通(客运)	汽油出租车	0.041
交通排放	道路交通(客运)	电动出租车	0.017
交通排放	道路交通(客运)	天然气出租车	0.016
交通排放	道路交通(客运)	柴油小客车	0.045
交通排放	道路交通(客运)	汽油小客车	0.041
交通排放	道路交通(客运)	摩托车	0.062
交通排放	道路交通(客运)	电动小客车	0.017
交通排放	航空(客运)	航空(客运)平均	0.088
交通排放	航空(客运)	超大型飞机	0.093
交通排放	航空(客运)	大型飞机	0.070
交通排放	航空(客运)	中型飞机	0.084
交通排放	航空(客运)	小型飞机	0.106
交通排放	铁路(客运)	铁路(客运)平均	0.018
交通排放	铁路(客运)	高铁	0.026
交通排放	铁路(客运)	地铁	0.015
交通排放	铁路(客运)	轻轨	0.014
交通排放	水运(客运)	水运(客运)平均	0.128
交通排放	水运(客运)	滚装客船	0.068
交通排放	水运(客运)	邮轮	0.170
交通排放	水运(客运)	游轮	0.146
交通排放	道路交通(货运)	道路交通(货运)平均	0.074
交通排放	道路交通(货运)	重型货车	0.049
交通排放	道路交通(货运)	中型货车	0.042
交通排放	道路交通(货运)	轻型货车	0.083
交通排放	道路交通(货运)	微型货车	0.120
交通排放	航空(货运)	航空(货运)平均	1.222

续表

1级分类	2级分类	3级分类	下游排放
交通排放	航空(货运)	超大型飞机	1.286
交通排放	航空(货运)	大型飞机	0.969
交通排放	航空(货运)	中型飞机	1.164
交通排放	航空(货运)	小型飞机	1.467
交通排放	铁路(货运)	铁路(货运)平均	0.007
交通排放	铁路(货运)	内燃机列车	0.007
交通排放	水运(货运)	水运(货运)平均	0.012
交通排放	水运(货运)	杂货船	0.019
交通排放	水运(货运)	集装箱船	0.010
交通排放	水运(货运)	干散货船	0.007
交通排放	水运(货运)	多用途船	0.012
交通排放	电梯、自动扶梯及升降机	住宅电梯(载重1000千克)	0.005
交通排放	电梯、自动扶梯及升降机	自动扶梯	0.177

注：下游排放指使用该单位产品的温室气体排放量，不包括电力、运输和废弃物处理。上述数据的提取时间为2023年1月12日。

由表1-2和表1-3可以看出，公路能源消耗强度分别是铁路和水路的7.9倍和13.4倍，公路温室气体排放强度分别是铁路和水路的10.6倍和6.2倍；民用航空能源消耗强度分别是铁路和水路的105.9倍和179.0倍，民用航空温室气体排放强度分别是铁路和水路的174.6倍和101.8倍。因为铁路与水路的能源消耗强度和温室气体排放强度较低，所以我国大力推进公转铁、公转水等运输模式。

从表1-3可以看出，仅就货运而言，在温室气体相对排放量(排放强度)方面，航空运输最多，公路运输次之，铁路和水运相对最少。

(四) 物流运输的绿色化策略

1. 政府规制

政府规制即在以市场机制为基础的经济体制下，政府以改善市场机制内在问题为目的，干预经济主体活动的行为。政府对运输的规制主要体现在发生源规制、交通流规制和交通量规制等三个方面。

(1) 发生源规制。发生源规制的主要目的是限制污染超标车辆上路以及促进低公害车的使用，主要措施包括根据绿色法规对废气排放及车辆进行规制，禁止排放超标的车辆上路，鼓励新能源汽车发展，以及对车辆噪声进行规制(如在一定时间段和一定区域范围内采取限鸣、禁鸣措施)等。我国自20世纪90年代末开始强化对污染源的控制，如北京市为治理大气污染发布两阶段治理目标，不仅对新生产的车辆制定了严格的排污标准，而且对在用车辆进行治理改造，在鼓励更新车辆的同时，采取限制行驶路线、增加车辆检测频次、按排污量收取排污费等措施，经过治理的车辆，污染物排放量大为降低。2020年，我国印发了《新能源汽车产业发展规划(2021—2035年)》，指出发展新能源汽车是我国从汽车大国迈向汽车强国的必由之路，是应对气候变化、推动绿色发展的战略举措。国务院发布《中国制造2025》，明确指出继续支持电动汽车、燃料电池汽车发展，强调掌握汽车低碳化、信息化、智能化核心技术，提升动力电池、驱动电机、高效内燃机、先进变速器、轻量化材料、智能控制等核心技术的工程化和产业化能力，形成从关键零部件到整车的完整工业体系和创新体系，推动自主品牌节能与新能源汽车同国际先进水平接轨。

(2) 交通流规制。交通流规制即通过建立环状道路、制定道路停车规则，以及实行高效率的交通管制来减少交通堵塞，以提高配送效率。道路与铁路的立体交叉建设以及实现交通管制系统的现代化，都将有利于提高配送效率，减少运输工具在途时间，从而达到节约资源、降低污染的目的。

(3) 交通量规制。交通量规制即通过政府的指导作用，推动企业从自备车辆运输向社会化运输体系转化，大力发展第三方物流，最终实现高效率的物流。可以通过政府行为来指导企业使用合理的运输工具，选择合适的运输方式，并统筹建立物流中心园区。

2. 设备改进

(1) 发展替代能源，使用新型动力系统。在全球能源危机及环境污染日益严重的情况下，发展并使用替代能源能起到降低能耗和污染的作用。目前的替代能源主要有电能、氢能、太阳能、风能、生物质能、液态天然气、乳化燃料、煤油混合料和煤油水混合料等。电动汽车具有零排放、低噪声等特点，是实现绿色交通的重要手段。在物流运输领域，电动货车已经逐渐成为主流。

(2) 引入无人机、无人车、自动驾驶技术、智能路灯等新技术。这些新技术可以提高运输效率并降低能源消耗与排放量。

(3) 研制使用更清洁能源、更节能的发动机。采用先进的发动机技术和轻量化设计，可以有效地降低能源消耗量，例如使用高效涡轮增压器、直喷系统等技术。在运输过程中使用传统的柴油、汽油发动机，不仅油耗大、尾气重，而且噪声也很大，将发动机改为电动机时，这些问题就可以避免了。铁路和城市轨道交通中也应广泛使用电能，充分发挥电能的高效性和清洁性。

(4) 采用尾气净化等技术。由于汽车运行的分散性和流动性较高，因而也使尾气净化处理技术的使用受到一定的限制。尾气的净化处理应从两个方面入手：一是控制技术，主要是提高燃油的燃烧率，安装防污染处理设备和开发新型发动机；二是行政管理手段，淘汰旧车，开发新型的汽车(即无污染物排放的机动车)，从控制燃料使用标准入手。此外，汽车燃油应以无铅汽油代替有铅汽油，可减少汽油尾气毒性物质的排放量；采用绿色燃料，大力推广车用乙醇汽油。

3. 优化运输方式

(1) 合理选择绿色运输方式。每种运输方式对环境的影响程度各不相同，可以根据实际情况选择对环境影响更小的运输方式，进而推动实现运输的绿色发展。轻轨交通系统是一种高效率、低碳排放、安全性高且便于管理的现代化公共交通方式。与其他传统交通方式相比，轻轨交通系统更加节省时间和资源，并且可以有效缓解城市拥堵问题。高速铁路是一种快速、便捷、舒适且环保的运输方式，在一定条件下比飞机更加节省时间和资源，并且产生的二氧化碳排放量较小。

(2) 提高车辆装载效率，减少空载现象。首先将进货供应链与出货供应链关联起来，从厂家的角度来说，这意味着卡车放下零件，然后装载出货，而不是空车返回。其次，实行共同配送。共同配送是以城市一定区域内的配送需求为对象，人为地进行有目的、集约化的配送，一般由同一行业或同一区域的中小企业协同进行配送。共同配送需要统一集货、统一送货，可以明显地减少货流；可以有效地消除交错运输，缓解交通拥挤状况；可以提高市内货物运输效率，减少空载率；有利于提高配送服务水平，使企业库存水平大大降低，甚至实现"零"库存，降低物流成本。

(3) 采用智能交通系统。建立先进的驾驶员信息系统，为驾驶员及时提供天气状况、道路通行情况，以及电子地图优选路径；建立车辆调度管理系统，通过计算机和通信设备对所属车辆进行智能调度，对路线上的车辆实行监控；建立车辆控制管理系统，通过事先预制的反应知识库，及时提供为某些特定事件做出反应的控制策略与建议。智能交通系统可提高驾驶的安全性，优化车辆调度和配送路径，从而有效地减少资源浪费，更快、更好地满足客户需求。

(4) 开展共同配送。共同配送指由多个企业或组织整合多个客户的货物需求后，联合组织实施的配送方式。共同配送可以分为以货主为主体的共同配送和以物流企业为主体的共同配送两种类型。从货主的角度来说，通过共同配送可以提高物流效率。例如中小批发者，如果各自配送则难以满足零售商多批次、小批量的配送要求。而采取共同配送，送货者可以实现少量配送，收货方可以进行统一验货，从而达到提高物流服务水平的目的。从物流企业的角度来说,特别是一些中小物流企业,由于受资金、人才、管理等方面制约,运量少、效率低、使用车辆多、独自承揽业务,在物流合理化及效率上受限制。如果彼此合作,采用共同配送,则可通过信息网络提高车辆使用率等。因此,共同配送可以最大限度地提高人员、物资、资金、时间等资源的利用效率,使得经济效益最大化。同时,可以去除多余的交错运输,并取得缓解交通、保护环境等社会效益。

(5) 采取联合运输方式。联合运输是指整合铁路、公路、水运、航空等基本运输方式的长处,把它们有机地结合起来,实行多环节、多区段、多运输工具相互衔接进行商品运输的方式。这种运输方式以集装箱作为联结各种运输工具的通用媒介,起到促进复合直达运输的作用。为此,要求装载工具及包装尺寸都要做到标准化。由于全程采用集装箱等包装形式,可以减少包装支出,降低运输过程中的货损、货差。联合运输方式的优势还表现在:它克服了单个运输方式固有的缺陷,从而在整体上保证了运输过程的最优化和效率化;从物流渠道看,它有效地解决了由于地理、气候、基础设施建设等各种市场差异造成的商品在产销空间、时间上的分离,促进了产销之间的紧密结合及企业生产经营的有效运转。

(6) 推广共享经济模式。共享经济是一种新型商业模式,它通过分享资源、服务和知识来实现社会资源最优配置。采用共享经济模式来利用货车空余载重,可以提高资源利用效率,减轻城市拥堵问题。

(7) 推广夜间交付。车辆在路上花费的时间越多,使用的燃料和能源就越多。特别是在城市地区,夜间送货可以减少多达15%的路上行驶时间。此外,随着电动汽车噪声控制技术的发展,夜间噪声污染的风险较小。

(8) 建立有弹性的物流网络来应对需求波动。对于"最后一公里"送货,可以考虑增加微型移动车辆,如电动自行车、无人机、无人车、快递柜等,来解决问题。

4. 大力发展第三方物流

第三方物流是由独立于物流服务供需双方且以物流服务为主营业务的组织提供物流服务的模式。发展第三方物流,由这些专门从事物流业务的企业为供方或需方提供物流服务,可以从更高的高度,更广泛地考虑物流合理化问题,简化配送环节,进行合理运输,有利于在更广泛的范围内对物流资源进行合理利用和配置,可以避免自有物流带来的资金占用、运输效率低、配送环节烦琐、企业负担加重、城市污染加剧等问题。当一些大城市的车辆配送过于饱和时,专业物流企业的出现使得大城市的运输车辆减少,从而缓解了物流对城市环境污染的压力。

5. 加强危险品管理

加强危险品管理应制定严格的危险品运输规定和标准、加强危险品储运设施的监管和管理、提高运输人员的安全意识和技能、完善应急预案和演练等。同时，各相关部门需要加强协调与配合，建立信息共享机制，加强风险评估和监测，完善危险品安全管理体系，防止危险品泄漏造成环境污染，并采取必要的措施保障公众和环境的安全。

三、仓储的绿色化

仓储是物流的一个重要环节，要实现物流的绿色化，对仓储环节进行绿色化是必不可少的。

(一) 绿色仓储的概念

仓储是指通过仓库对物品进行管理、储存，与运输相对应，仓储是以改变物的时间状态为目的的活动，从而克服产需之间的时间差异，以获得更好的效用。仓储过程本身会对环境产生影响，例如保管、操作不当会引起货物的损坏、变质，甚至危险品的泄漏等。另外，仓库布局不合理也会导致运输次数的增加或运输的迂回。绿色仓储是指在仓储环节，为了减少所储存的货物对周围环境的污染及对人员的辐射、侵蚀，同时避免所储存的物品在储存过程中的损耗及成本的增加，而采取的科学、合理的仓储保管策略体系。

(二) 物流仓储的绿色化策略

企业仓储管理的绿色化措施包括但不限于以下内容。

(1) 拥有符合可持续建筑和管理标准的仓库。可以开展物流建筑4.0认证，基于该认证体系的设计和建造结合了环境保护措施，保证了建筑的可持续管理。LEED和BREEAM是两种国际上广泛采用的工业地产绿色建筑认证。物流建筑在水和能源消耗效率、替代能源的使用、建筑材料的选择和整个过程中的废物管理等方面达标后才可通过这些认证。

(2) 优化仓库用能管理。仓库中某些流程的完全自动化可以减少照明需求，有助于开展熄灯制造，可以节约能源。

(3) 对物品进行分类存放。对不同类型、不同性质的危险货物进行存放时，要按照分区、分类、分段、专仓专储的原则。例如，液氯遇到氨气或乙炔气极易发生爆炸，因此，它们必须存放于不同的仓库。

(4) 对于易腐货物，应按照先进先出的原则进行仓储物品的存放，可以采用贯通式货架、"双仓法"储存，采用计算机存取系统进行管理等。

(5) 采取措施减少和回收仓库中产生的废物。帮助仓库实现绿色物流的措施之一是采用可持续标准来管理产生的废物。例如，根据要回收的材料建立废物分类流程，通过实施IT解决方案(如仓库管理软件)来减少仓库内纸张的使用，对特殊废物进行特殊管理，使其符合适当的回收程序。

(6) 做好仓储物品的防潮、防霉变工作。比如可以采用性能好的除潮抽湿机，采用塑料薄膜封闭、气幕隔潮、气调储存等措施。

(7) 落实安全管理。仓储操作人员及管理人员必须通过安全考试，持证上岗；采用先进的检测设备，定期对危险物品、化工容器进行检测，谨防化工容器泄漏、爆炸；对于高压储罐及剧毒有害物储罐，要进行连续的动态监测；液态和气态化工产品废气废水排放不超标，应配备必要的废水废气处理设备，并建立检查的登记负责制；配置完善的防火系统，如立体化仓库应设置自动喷淋系统，并保证有足够的水源；特种仓库要防止产生静电，安装性能较好的避雷系统等。

四、装卸与搬运的绿色化

(一) 绿色装卸与搬运的概念

绿色装卸与搬运是指为尽可能减少装卸与搬运环节产生的粉尘、烟雾等污染物而采取的现代化的装卸与搬运手段及措施。

(二) 绿色装卸与搬运的措施

绿色装卸与搬运的措施包括但不限于以下内容。

1. 消除无效搬运

要提高搬运纯度，搬运必要的物资，如有些物资去除杂质之后再搬运比较合理；避免过度包装，减少无效负荷；提高装载效率，充分发挥搬运机器的能力和装载空间；中空的物件可以填装其他小物品再进行搬运；减少倒搬次数，作业次数增多不仅浪费了人力、物力，还增加物品损坏的可能性，更重要的是无效搬运次数的增加会使粉尘增多，对环境造成污染。

2. 提高搬运活性

放在仓库的物品都是待运物品，应使其处在易于移动的状态。搬运活性指待进行装卸与搬运作业的物资进行搬运与装卸作业的方便性。物品放置时要有利于下次搬运，如装于容器内，使散放于地面的物品易于搬运。装上时要考虑便于卸下，入库时要考虑便于出库，还要创造和使用易于搬运的绿色包装，这样不仅提高了搬运与装卸效率，也减少了可能造成的污染程度。

3. 注意货物集散场地的污染防护工作

在货物集散地，尽量减少泄漏和损坏，杜绝粉尘；清洗货车的废水要在处理后排出，以防为主、防治结合。在货物集散地要采用防尘装置，制定最高容许度标准；废水应集中收集、处理和排放，加强现场的管理和监督。

五、流通加工的绿色化

(一) 绿色流通加工的概念

流通加工指物品在从生产地到使用地的过程中，根据需要实施包装、分割、计量、分拣、组装、价格贴付、标签贴付、商品检验等简单作业的总称。绿色流通加工是指在生产、运输和销售过程中，采用环保材料和技术，减少能源消耗和废弃物排放，降低对环境的影响，对流通中的商品进行生产性加工，使其成为更能满足消费者需求的最终产品。流通加工具有较强的生产性，也是流通部门对环境保护可以大有作为的领域。

(二) 绿色流通加工的措施

绿色流通加工的措施包括但不限于以下内容。

1. 开展集中加工和集中处理

一是变消费者加工为专业集中加工，以规模作业方式提高资源利用效率，减少环境污染。二是集中处理消费品加工中产生的边角废料，以减少消费者分散加工所造成的废弃物的污染。

2. 减少能源消耗

流通加工过程中需要消耗大量的能源，为减少环境污染和降低能源消耗，生产企业在流通加工中，应通过采用新型的绿色技术控制加工的过程，高效利用能源。

3. 减少排放

流通加工在生产过程中会产生大量的废弃物和有害物质，为减轻环境负荷和保护环境，企业应该对生产过程中废弃物的合理排放进行限制和控制，减小对环境的损害。

4. 生产过程中使用绿色材料

在流通加工过程中，企业应尽可能采用绿色材料，如环保包装材料，循环利用原材料等，降低对环境的污染。

5. 优化设计

针对生产过程中可能存在的问题，企业应以环境保护为导向，采用优化设计，最大限度地减少环境污染。

6. 促进清洁生产

企业应采用延伸责任制度，通过对流通加工环境的全面管理，降低流通加工过程中对环境的危害和污染，切实推进清洁生产，保障可持续发展。

六、配送的绿色化

(一) 绿色配送的概念

绿色配送是指在物流配送过程中采用节能、环保的方式，减少对环境的负面影响，实现更加可持续的物流运作方式。绿色配送可以减少对环境的污染和资源的浪费，同时也有助于降低企业成本和提高品牌形象。

(二) 绿色配送的措施

绿色配送的措施包括但不限于以下内容。

1. 节能减排

节能减排是绿色配送最基本、最有效的措施之一。通过使用低碳、高效、清洁能源等，可以大幅度降低物流车辆和设备所消耗的能量，并且减少二氧化碳等有害气体的排放量。例如，在城市内部分区域禁止柴油车通行或限制其通行时间；推广电动汽车、混合动力汽车等新型交通工具；利用太阳能光伏板和风力发电机供应仓库及办公场所用电等。

2. 智慧路线规划

智慧路线规划可以帮助企业优化运输路径，避免拥堵和浪费资源。通过先进技术，如导航系统、云计算技术及人工智能算法，进行数据分析与处理，使配送路线更加合理，减少了车辆行驶里程和时间，降低了物流成本，同时也减少了对环境的影响。

3. 货运集中化

货运集中化是将多个配送点集中到一个区域进行统一管理和配送。通过这种方式可以大幅度降低车辆数量和行驶里程，从而节约能源并减少排放量。此外，在同一区域建立共享仓库、共享配送站等设施也有助于提高资源利用效率。

4. 环保教育与宣传

企业应积极开展环保教育与宣传活动，让员工养成良好的环保意识和习惯，并向社会公众普及绿色配送知识，比如组织员工参加环保公益活动、开展绿色物流知识讲座等。

七、物流信息的绿色化

(一) 物流信息绿色化的概念

物流信息的绿色化，是指通过数字化、环保、智能技术等手段实现物流信息高效管理，减少纸质文件的使用，降低信息传递成本，同时也减轻物流行业对环境的影响的过程。传统物流管理过程中，需要使用各种文书和报表，如订单、收据、发票等，这些纸质文件的产生和处理都会对环境产生影响，并且增加了人员工作量。通过物流信息的数字化、网络化和智能化，可以将数据储存在云端，提高数据的可靠性和管理效率，同时也使得信息共享更加容易，避免不必要的耗时和成本。物流信息绿色化技术的应用可以显著降低物流企业能源消耗、废气排放和噪声污染等，从而实现物流行业的可持续发展。因此，物流信息的绿色化不仅提升物流企业的管理效率和客户服务水平，也是推进物流业可持续发展的必要手段之一。

(二) 物流信息的绿色化措施

物流信息的绿色化措施包括但不限于以下内容。

1. 网络化平台

建立基于互联网和物联网技术的物流信息管理平台，集成网络运输订单、物料库存信息、交通路况、天气预报等数据,并实现数据共享。优化数据传输方式,避免使用过多纸质文件,提高数据的可靠性、安全性和易访问性。

2. 电子化票据

引入电子发票、电子合同等电子票据,减少传统票据的使用,采用数字签名与时间戳等技术保证电子票据的安全性和有效性。将电子票据与物流信息管理平台结合,实现物流信息、订单和电子票据的无缝对接与自动匹配。

3. 智能化信息管理

采用智能芯片技术,将物流信息植入货物包装中并与物流信息管理系统连接,便于远程跟踪货物实时位置和状态,提高物流信息的可视程度和精准度,同时也降低了纸质记录的必要性。

4. 相关关档的电子化

在先进技术的支持下,可在移动设备上签署、审核、发送收据、送货单等文件,避免使用传统的纸质文档。

5. 优化用能管理

在大数据中心等信息处理场所采用节能的服务器和基础设施;适当提高信息处理场所的制冷温度,减少能源消耗;建立信息处理场所的散热及气流组织模型,得到最优冷量配置的效果;将大数据中心等信息处理场所设置在自然冷却能力较强的地域;采用空气冷却、液体冷却(例如水冷、离子水、乙二醇等)等节能方式,减少传统冷却在电力方面的能源需求;在信息处理系统中使用高效、运行所需能源更少的软硬件。

八、绿色物流的综合举措

绿色物流的成功实施很难依靠物流企业孤立实现,需要不同利益相关方的协同参与,主要的举措如下。

(1) 与制造商、供应商、第三方和第四方物流合作伙伴,以及经验丰富的顾问合作,制定环保采购协议和环保运输选项。通过多方协同,可以最大限度地实现物流的绿色化运营,降低物流对环境的影响,提高物流综合绩效。

(2) 使用供应链控制塔(supply chain control towers,SCCT)等人工智能技术,将碳足迹分析整合到业务的所有阶段。供应链控制塔是一种基于云的解决方案,它利用人工智能、机器学习和物联网等先进技术来主动管理供应链。供应链控制塔提供对组织整个网络(包括供应商、制造商和业务合作伙伴)的端到端实时可见性,允许组织管理其看不到的内容,计划无限的未知变化,并在中断和风险成为问题之前避免。在无法利用历史数据准确预测当前和未来需求的世界中,从极端天气到贸易战再到油轮堵塞苏伊士运河,供应链的中断范围广泛,这种可见性和对最新信息的即时访问对于供应链的敏捷性和弹性显得至关重要。数据是供应链控制塔的生命线。系统从整个供应链中收集大量最新数据,以实时提供供应链中任何地方发生的可访问、可用的360度视图。这些数据用于推动假设分析并比较方案、运行需求和供应变化的模拟、识别客户警报问题并快速解决、与整个供应链中的合作伙伴协作、自动标记和处理异常。随着供应链控制塔的发展,它们打破了功能孤岛,使组织能够连接到整个供应网络,从而实现更高的供应链可见性、协作和优化。

(3) 在推动绿色物流的过程中,要与企业开展合作,共享物流资源和数据驱动。通过与有共同目标的合作伙伴密切协同,实现多赢发展。

(4) 让客户了解快速交付与环保型交付之间的差异。例如,亚马逊鼓励客户选择一个"亚马逊日",在这一天将包裹分组到更少的货件中,从而节省包装和运输费用。

(5) 物流园区可以采用智能路灯、智能门禁、分布式太阳能光伏发电、雨水循环系统等设施、设备实现能源节约、能源生产和能源替代。

(6) 强大的、人工智能驱动的、基于云的物流解决方案是未来供应链的核心。这种解决方案可以帮助企业整合货物、自动调度和跟踪、优化路线、确定何时何地为电池充电、计算预计到达时间、监控车辆维护等。数据建模和模拟可以测试路线和车队容量,集成技术可以帮助整合和分析整个价值链中的供应链与物流数据,并帮助企业改善其可持续发展状况。

九、绿色物流管理要素的绿色化指标体系

绿色物流指标体系是衡量物流产业发展过程中环保程度的一整套指标。绿色物流指标体系如图1-2所示。加快绿色物流指标体系的研究和制定,有利于物流企业结构的优化,能够促进物流产业的可持续发展;同时,健全的绿色物流指标体系可以作为国际贸易活动中与贸易伙伴谈判的筹码。物流管理部门应在环保和技术监督部门的配合下建立和制定绿色物流指标体系。具体来说,可基于先易后难、先重点突破后全面开花的原则,选择一些有一定基础、技术难度不太大、易于突破的指标,然后再逐步完善和扩展,构筑符合国际规则的物流绿色屏障。

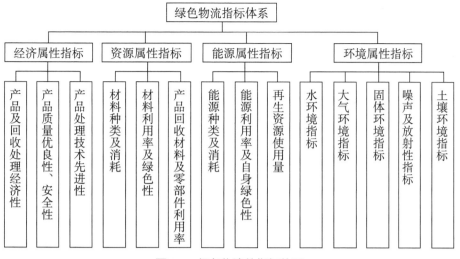

图 1-2 绿色物流的指标体系

第四节 绿色物流管理的相关理论与实施措施

一、基于产品生命周期的绿色物流

(一) 产品生命周期理论的基本概念

从可持续发展角度看,产品的生命周期划分为以下四个阶段:产品开发、产品制造、产品使用和产品的最后处置。产品生命周期理论是基于可持续发展的要求,以可持续产品的研制、开发、生产直至消费为研究对象,又称可持续发展的产品生命周期。具体地说,可持续发展的产品生命周期是指以"满足当代人需要而又不损害未来各代人需要"的可持续发展观为指导,以绿色与生态保护为基准,应用产业生态学或生态经济学的系统方法来贯穿产品生命周期及其能量和物质的代谢系统(再生系统)的内涵和运行过程。

(二) 基于产品生命周期的物流活动

1. 供应物流

供应物流是为生产企业提供原材料、零部件或其他物料时所发生的物流活动。随着采购、供应一体化,以及第三方物流分工专业化的发展,使采购、供应物流一直延伸到其企业车间。供应物流可提供制订物料需求计划、运输、流通加工、装卸与搬运、储存等功能，是产品生产得以正常进行的前提，而且供应商提供的原料及零配件的质量和环保性能将直接决定产品的质量与绿色性能。

2. 生产物流

生产物流是生产企业内部进行的涉及原材料、在制品、半成品、产成品等的物流活动。原材料、配件、半成品等物料，按产品的生产过程和工艺流程的要求，在企业的各车间内、企业半成品仓库之间流转，这就是生产物流。生产物流担负着物料运输、储存、产品组装、产品包装等任务，是生产过程得以延续的基础。

3. 分销物流

分销物流是指企业在销售商品的过程中所发生的物流活动。分销物流是从生产企业成品仓库到产品需求者的物流过程，包括包装、流通加工、储存、订单处理、运输、装卸与搬运等功能环节。

4. 回收物流

回收物流指的是将可以再利用的资源通过回收、加工、转化为新的生产资源而重新投入使用的一系列物流活动。根据物流流向的不同，回收物流将发生在产品的全生命周期，生产阶段的余料、残次品等应在企业内部进行回收、处理、再利用；产品使用阶段的废旧包装材料、维修更换件、淘汰件等的回收处理，则发生在用户、销售商、原料生产商和产品生产商之间，即发生在产品的整个生产周期。

5. 废弃物物流

废弃物物流是将经济活动或人民生活中失去原有使用价值的物品，根据实际需要进行收集、分类、加工、包装、搬运、储存等，并分送到专门处理场所的物流活动。废弃物物流一般包括收集、搬运、中间净化处理、最终处置等功能。其中，中间净化处理是为了实现废弃物的无害排放；最终处置主要有掩埋、焚烧、堆放、净化后排放等方式。产品生命周期的所有阶段都会产生各种形式的废弃物，因此，废弃物物流也将贯穿产品整个生命周期。

(三) 基于产品生命周期的绿色物流运行模式

为响应可持续发展战略，企业应该从产品原材料或零部件的采购阶段开始，制定物资供应物流、生产物流、分销物流、回收物流及废弃物物流的绿色化策略。在分析产品生命周期的企业物流活动对环境的影响的基础上，本书提出了一种基于产品生命周期的企业绿色物流运行模式，如图1-3所示。

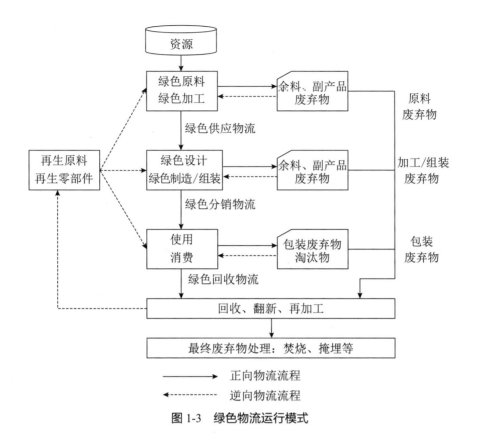

图1-3 绿色物流运行模式

图1-3所示的绿色物流系统实际上是物料循环流动系统。将产品制造企业当作系统的主体成员，该绿色物流系统的运作过程如下：制造商通过对供应商的评估，选择绿色供应商，供应商将由自然资源、能源和人力资源转化而来的原料/零部件送达生产企业；生产企业对产品进行绿色设计、绿色制造、绿色包装，形成最终的绿色产品；生产过程中的边角余料、副产品、加工残次品等直接进入内部回收系统，尽量做到维修后再利用，避免废弃物的产生；产品被制造出来后，经过企业的绿色分销渠道，交给第三方物流企业进行专业化的运输和配送；企业的分销系统规划必须考虑产品退货、产品召回，以及报废后的回收和处理要求，并制定相应的运行策略。

除此之外，企业还可以通过多种方式控制产品在使用阶段产生的环境影响。除了产品的退货、召回处理，对包装物的回收、重复使用，对报废产品的拆卸和零部件的再利用等，都有利于最终废弃物数量的减少，有利于节约资源，也有利于企业经济效益和竞争力的提高。

1. 绿色供应物流

供应物流的绿色化就是原材料获取过程的绿色化，包括绿色供应商的评价、选择及采购过程的绿色化。其中，供应商能提供绿色原料或零部件是最关键的，因为原材料和零部件的绿色性能直接决定产品的绿色特性。

为了确保产品在使用过程中的用户安全性和产品废弃时的环保性，降低产品整体的绿色负荷，首先必须对产品的零件材料的绿色性进行评估，以避免绿色风险。因此，绿色供应物流的第一步就是对产品的原料/零件的绿色特性进行评估，选择绿色原料，舍弃危害绿色的原料。例如，夏普公司会对其产品的所有零部件和材料进行环保性评估，甚至包括所使用的包装材料、包装用器物、使用说明书、附件和易耗品等。

绿色供应物流的第二步就是根据材料的绿色性对供应商进行绿色性评估，评估内容包括组织过程评价和产品评价，组织过程评价着眼于管理系统、绿色业绩、绿色审核；产品评价包括生命周期评价、商标和产品标准的评价。例如，夏普公司将公司的全废弃物质清单及废弃时间表通知给供应商后，对供应商提供的零件材料含有的化学物质进行调查和统计，以此为根据对供应商进行重新评估。

越来越多的大企业重视供应商的绿色表现，这一趋势推动了国际标准化组织的行动。ISO14000就是针对全球范围的企业的绿色行为进行评价的标准体系。可以说，对供应商的选择决策是对物流网络设计的新的条件约束。

绿色供应物流的第三步就是采购过程的绿色化。首先要改变观念，从重视采购成本转向重视采购品的绿色质量；然后在包装和运输过程中采用绿色运输、绿色包装方式，如使用可重复使用的包装袋、集装箱运输，降低公路运输的比例，货物合并运输，减少运输次数等。

2. 绿色生产物流

生产物流担负着物料的输送、储存、装卸等任务。为实现生产物流的绿色化，首先，必须以清洁生产技术为基础，通过不断地改善工艺，提高资源的利用率，减少污染物的产生和排放，以降低对环境和人类的危害，其次，准时制生产方式的实施必须充分考虑环境污染或交通拥挤带来的社会成本，通过库存节约与绿色成本的平衡，确定最合适的库存标准。此外，企业还应以减少物料输送、储存、装卸过程中的能量消耗和废弃物排放为原则，利用重力的输送原理、装卸原理等进行物流技术的改进和物流管理方式的改善。通过对生产物流系统的优化，对物流路径进行最优规划，对物流设备进行最佳配置，消除无效的输送或装卸作业，也能有效降低能源消耗，减少物流作业过程的破损率。

3. 绿色分销物流

商品分销是商品价值实现的重要环节。有了绿色的原料供应，生产出绿色的产品，还必须使分销物流绿色化。分销环节的物流过程最复杂，要实现分销物流的绿色化，首先，必须合理规划分销网络，绿色分销网络应该有利于运输路线的最优化，也要能充分利用铁路、水路等更加环保的运输方式；其次，商品的物流包装在保证物流安全性的前提下应该采用简单化、标准化的结构，尽量做到重复使用。尤其要注意的是，对于食品类的分销，物流包装的绿色化非常重要，否则会影响食品的安全性和绿色性。

4. 绿色回收物流

绿色回收物流是指在回收过程中采用绿色环保技术和策略，实现资源的高效再利用，并尽量减少对环境的污染。具体措施包括但不限于：提供有机及可循环再生原材料的再制造、建设成熟的废弃物处理系统；推广先进的技术与装备，如破碎、分拣和氧化等处理装置；引入节能、环保的物流运输设备，如太阳能发电车、纯电动汽车和新型能源船舶等；优化回收商网点布局，安排合理的配送路线，进而降低能源消耗；设置全网联动的精细化信息平台，以便多边信息共享，促进数据智能化升级。绿色回收物流可在有效实现资源回收与利用的同时，更好地保护环境，并推动行业转型升级，为社会和经济持续发展做出贡献。

5. 绿色废弃物物流

绿色废弃物物流指采用环保、可持续和高效的方式来管理废弃物的物流过程。具体措施包括但不限于：应用绿色技术，如生物降解材料、有机肥料等，在废弃物处理中实现资源化和循环经济；采用低碳、低能耗的运输方式，如水路、铁路等公共交通工具，并避免高排放和高耗能小型车辆等损耗环境和能源资源的方式；通过提供准确、全面、多角度的废弃物信息及时公示服务，促进社会各界的合作共治，落实"源头减少、达标排放、无害化处理"的目标；综合运用策略性投资与市场化机制梳理政策创新方案，以鼓励企业发挥绿色转型的主动性推进绿色废弃物物流的实践应用与不断完善；根据地区情况设计相应的回收网络，根据环保要求合理规划、设立废弃物的处理区、收集点等配套设施，确保废弃物的安全隔离和分类管理。良好的绿色废弃物物流可以实现环保和经济效益相结合，可以更好地实现资源的循环利用和减少能源消耗，同时也能促进产业的可持续发展。

总之，企业既要从总体上把握物流绿色化的策略和途径，还应该从物资供应、产品生产、分销、回收等环节实现物流的绿色化。企业必须从产品全生命周期的范围进行企业物流绿色化管理，必须以节约资源、节约能源、降低污染程度、减少废弃物排放为目标，实施全生命周期的绿色物流策略。

二、逆向物流

(一) 逆向物流的概念

逆向物流是指为恢复物品价值、对物品循环利用或合理处置,而使原材料、零部件、在制品及产成品从供应链下游节点向上游节点反向流动,或按特定的渠道或方式将其归集到指定地点所进行的物流活动。

逆向物流是一个与传统供应链反向,为恢复价值或合理处置而对原材料、中间库存、最终产品及相关信息从消费地到起始点的有效实际流动所进行的计划、管理和控制过程。逆向物流的表现是多样化的,包括使用过的包装、经过处理的电脑设备,以及未售商品的退货、机械零件,等等。也就是说,逆向物流的对象是客户手中的产品及其包装品、零部件、物料等物资的流动。简而言之,逆向物流就是从客户手中回收用过的、过时的或者损坏的产品和包装开始,直至最终处理环节的过程。现在越来越被普遍接受的观点是,逆向物流是整个产品生命周期中对产品和物资的完整的、有效的和高效的利用过程的协调。

逆向物流有狭义和广义之分。狭义的逆向物流,更多地强调与正向物流相反方向的回收物流。广义的逆向物流,除了包含狭义的逆向物流的内容,还包括废弃物物流的内容,其最终目标是减少资源使用,并通过减少使用资源达到减少废弃物的目的,同时使正向物流及废弃物物流更有效率。

(二) 逆向物流的原则

1. 事前防范重于事后处理原则

逆向物流实施过程中的基本原则是事前防范重于事后处理,即预防为主、防治结合。因为对回收的各种物料进行处理往往会给企业带来许多额外的经济损失,这势必增加供应链的总物流成本,与物流管理的总目标相违背。因而,对生产企业来说,要做好逆向物流一定要注意遵循事前防范重于事后处理的基本原则。循环经济、清洁生产都是实践这一原则的生动例证。

2. 绿色原则(5R原则)

逆向物流之所以受到越来越多的专家、学者和企业的关注,其主要原因在于它能够满足绿色原则。绿色原则可以将环境保护的思想观念融入企业物流管理过程中,又称5R原则,即节约资源,减少(reduce)污染;绿色生活,环保选购(reevaluate);

重复使用，多次利用(reuse)；分类回收，循环再生(recycle)；保护自然，万物共存(rescue)。

3. 效益原则

生态经济学认为，在现代经济、社会条件下，现代企业是一个由生态系统与经济系统复合组成的生态经济系统。物流是社会再生产过程中的重要一环，物流过程中不仅有物质循环利用、能源转化，而且有价值的转移和价值的实现。因此，现代物流涉及经济与生态环境两大系统，理所当然地架起了经济效益与生态环境效益之间的桥梁。经济效益涉及与目前和局部更密切相关的利益，而生态环境效益则关系更宏观和更长远的利益。经济效益与生态环境效益是对立统一的，后者是前者的自然基础和物质源泉，而前者是后者的经济表现形式。

4. 信息化原则

尽管逆向物流具有极大的不确定性，但是通过信息技术的应用(如使用条形码技术、导航技术、EDI技术、物联网技术等)可以帮助企业大大提高逆向物流系统的效率和效益。因为使用条形码可以储存更多的商品信息，这样商品的结构、生产时间、材料组成、销售状况、处理建议等信息就可以通过条形码加注在商品上，也便于对进入回收流通环节的商品进行有效、及时的追踪。

5. 法治化原则

尽管逆向物流作为产业而言还只是一个新兴产业，但是从逆向物流活动的来源可以看出，它如同环境问题一样并非新生事物，伴随人类的社会实践活动而产生，只不过在工业化迅猛发展的过程中成为产业而已。然而，正是由于人们以往对这一问题的关注较少，所以市场自发产生的逆向物流活动难免带有盲目性和无序化的特点。

6. 社会化原则

从本质上讲，社会物流的发展是由社会生产的发展带动的，当企业物流管理达到一定水平，就会对社会物流服务提出更高的数量要求和质量要求。企业逆向物流的有效实施离不开社会物流的发展，更离不开公众的积极参与。

(三) 逆向物流的重要性

1. 提高潜在事故的透明度

逆向物流在促使企业不断改善品质管理体系方面具有重要的作用。ISO9001的2000版将企业的品质管理活动概括为一个闭环式活动——计划、实施、检查、改进，逆向物流恰好处于检查和改进两个环节上，承上启下，作用于两端。企业在退货中暴露出的品质问题，将通过逆向物流信息系统传递给管理阶层，提高潜在事故的透明度，管理者可以在事前不断改进品质管理，以根除产品的不良隐患。

2. 提高顾客价值，增强竞争优势

在当今顾客驱动的经济模式下，顾客价值是决定企业生存和发展的关键因素。众多企业通过逆向物流提高顾客对产品或服务的满意度，赢得顾客的信任，从而增强其竞争优势。对于最终顾客来说，逆向物流能够确保不符合订单要求的产品及时退货，有利于消除顾客的后顾之忧，增加其对企业的信任感，提高回头率，扩大企业的市场份额。一个企业要赢得顾客，必须保证顾客在整个交易过程中心情舒畅，而逆向物流战略是达到这一目标的有效手段。另外，对于同一供应链上的企业客户来说，上游企业采取宽松的退货策略，能够减少下游客户的经营风险，改善供需关系，促进企业间战略合作，强化整个供应链的竞争优势。特别对于过时性风险比较大的产品，退货策略所带来的竞争优势更加明显。

3. 降低物料成本

减少物料耗费，提高物料利用率是企业成本管理的重点，也是企业增效的重要手段。然而，传统管理模式的物料管理仅仅局限于企业内部物料，不重视企业外部废旧产品及其物料的有效利用，造成大量可再用资源的闲置和浪费。由于废旧产品的回购价格低、来源充足，对这些产品进行回购加工可以大幅度降低企业的物料成本。

4. 改善绿色行为，塑造企业形象

随着人们生活水平和文化素质的提高，绿色意识日益增强，消费观念发生了巨大变化，顾客对环境的期望越来越高。另外，由于不可再生资源的稀缺及环境污染的日益加重，各国都制定了许多环境保护法规，为企业的绿色行为规定了一个约束性标准。企业的绿色业绩已成为评价企业运营绩效的重要指标。为了改善企业的绿色行为，提高企业在公众中的形象，许多企业纷纷采取逆向物流战略，以减少产品对环境的污染及对资源的消耗。

三、绿色供应链

(一) 绿色供应链的提出

供应链管理理论已提出多年，关于供应链的定义在不同时期也有不同的内涵。早

期的观点认为，供应链是制造企业的一个内部过程，仅局限于企业的内部操作层，注重企业的自身资源利用。后来的观点中，供应链的概念注重与其他企业的联系，注重供应链的外部绿色，认为它应是一个"通过链中不同企业的制造、组装、分销、零售等过程将原材料转换成产品，再到最终用户的转换过程"。而到了最近，供应链的概念更加注重围绕核心企业的网链关系，如核心企业与供应商、供应商的供应商及一切前向的关系，与用户、用户的用户及一切后向的关系。绿色供应链是在供应链的基础上综合考虑绿色的影响，其目的是使企业在从原料获取、加工、包装、储存、运输、使用到报废处理的整个过程中，注重对环境的保护，从而促进经济与环境的协调发展。

(二) 绿色供应链的概念

绿色供应链的概念最早由美国密歇根州立大学的制造研究协会在1996年进行的一项"绿色负责制造"研究中首次提出，又称绿色意识供应链。绿色供应链是一种在整个供应链中综合考虑环境影响和资源效率的现代管理模式，它以绿色制造理论和供应链管理技术为基础，涉及供应商、生产商、销售商和用户，其目的是使得企业在从物料获取、加工、包装、仓储、运输、使用到报废处理的整个过程中，增强环境保护意识，把"无废无污""无任何不良成分"及"无任何副作用"的理念贯穿整个供应链中，实现对环境的影响最小，资源效率最高。绿色供应链广义上指的是要求供应商采用与绿色相关的管理方式，即将环保原则纳入供应商管理机制中，其目的是让产品更具有环保概念，提升市场竞争力。在行为上，有些企业提出以绿色为诉求的采购方案、绩效原则或评估过程，要求所有或大部分的供应商遵循。而另一些企业则制定对环境有害物质的清单，要求供应商使用的原料、包装或污染排放中不得含有清单所列物质。例如知名的运动鞋制造商耐克公司为配合环保诉求，于1998年取消将聚氯乙烯作为其产品的主要材料，并对供应商做出要求，原因是对聚氯乙烯焚化处理时会产生对人体有害的二噁英。

(三) 绿色供应链的特征

1. 绿色供应链管理应充分考虑环境问题

传统的供应链管理是对供应链中的物流、能流、信息流、资金流及工作流进行计划、组织、协调及控制。它是以顾客需求为中心，将供应链各个环节联系起来的全过程集成化管理。它强调在正确的时间和地点以正确的方式将产品送达顾客，但仅仅局限于供应链内部资源的充分利用，没有充分考虑供应过程中所选择的方案会对周围环境和人员产生何种影响、是否合理利用资源、是否节约能源、废弃物和排放物如何处理与回收、是否会对环境产生影响等，而这些正是绿色供应链管理所应具备的新功能。

2. 绿色供应链管理强调供应商之间的数据共享

数据共享的内容包含绿色材料的选取、产品设计、对供应商的评估和挑选、绿色生产、运输和分销、包装、销售和废物的回收等过程的数据。供应商、制造商和回收商，以及执法部门和用户之间的联系都是通过互联网来实现的。因此，绿色供应链管理的信息数据流动是双向互动的，并通过互联网完成。

3. 绿色供应链管理是闭环运作

绿色供应链中流动的物流不仅是普通的原材料、中间产品和最终产品，更是一种"绿色"的物流。在生产过程中产生的废品、废料，在运输、仓储、销售过程中产生的损坏件，以及被用户淘汰的产品均须回收处理。当报废产品或其零部件经回收处理后可以再使用，或可作为原材料重复利用时，绿色供应链没有终止点，是"从摇篮到再现"，如经处理后可重新销售、可重新利用或可作为原材料使用。

4. 绿色供应链管理体现并行工程的思想

绿色供应链管理研究从原材料生产、制造到回收处理的全过程，实际上是研究产品生命周期的全过程。并行工程要求面向产品全生命周期，在绿色供应链设计之初，就应充分考虑供应链下游可能涉及的影响因素，并考虑材料的回收与再利用，尽量避免在某一设计阶段完成后才意识到受工艺、制造等因素的制约，而造成该阶段甚至整个设计方案的更改。因此应用并行工程的思想，对材料的生产和产品制造、回收、再利用进行并行考虑。

5. 绿色供应链管理充分应用现代网络技术

网络技术的发展和应用加速了全球经济一体化的进程，也为绿色供应链的发展提供了机遇。企业利用网络完成产品设计、制造，寻找合适的产品生产合作伙伴，以实现企业间的资源共享和优化组合利用，减少加工任务、节约资源和全社会的产品库存；通过电子商务搜寻产品的市场供求信息，减少销售渠道；采用网络技术进行集中资源配送，减少运输对环境的影响。

(四) 基于绿色供应链的循环物流系统运作模式

1. 循环经济的概念与内涵

所谓循环经济，本质上是一种生态经济，它要求运用生态学规律而不是机械规律来指导人类社会的经济活动。与传统经济相比，循环经济的不同之处在于：传统经济是一种"资源→产品→污染排放"单向流动的线性经济，其特征是高开采、低利用、高排放。在这种经济中，人们高强度地把地球上的物质和能源提取出来，然后又把污染和废物大量地排放到水系、空气与土壤中，对资源的利用是粗放的和一次性的，通过把资源持续不断地变成废物来实现经济的数量型增长。与此不同，循环经济倡导的是一种与环境和谐相处的经济发展模式。它要求把经济活动组织成一个"资源→产品→再生资源"的反馈式流程，其特征是低开采、高利用、低排放，所有的物质和能源要能在这个不断进行的经济循环中得到合理和持久的利用，以把经济活动对自然环境的影响降低到尽可能小的程度。循环经济为工业化以来的传统经济转向可持续发展的经济提供了战略性的理论范式，从而从根本上消解长期以来绿色与发展之间的尖锐冲突。"减量化、再利用、再循环"是循环经济最重要的实际操作原则。

自20世纪90年代提出可持续发展理念以来，发达国家正在把发展循环经济、建立循环型社会看作实施可持续发展战略的重要途径和实现方式。

2. 循环物流系统的概念与内涵

循环物流系统是指物及其物流衍生物发生的空间和时间的位置移动的循环系统，是由正向物流与逆向物流相互联系构成的物流系统。

循环物流系统需要从以下方面加以理解。

(1) 循环物流系统中的物流对象。循环物流系统中的物流对象有两种，一种是消费者需要的物品，另一种是消费者不需要的物品，是物流过程中形成的衍生物。衍生物分为两类：一类是直接衍生物，主要指物流活动直接造成的废旧物品和退货，包括旧物品、报废物品、破碎物品、损坏物品、汽车尾气污染物等；另一类是间接衍生物，主要指在物流管理过程中间接形成的衍生物。例如库存管理中，如果库存数量少，虽然节约了库存费用，但因此产生较多的运输次数，增加了对运输燃料的消耗和环境污染，从而对社会经济的持续发展产生了消极影响。

(2) 循环物流系统中的物流渠道。循环物流系统中的物流渠道由两种流向渠道构成：一种是物通过生产、流通、消费途径，满足消费者的需要，这是物流流向的主渠道，称为正向物流或动脉物流；另一种是合理处置物流衍生物所产生的物流流向渠道，如回收、分拣、净化、提纯、商业或维修退回、包装等再加工、再利用和废弃物处理等，其流动的方向与前者相反，故称为逆向物流或静脉物流，有时也称为绿色物流、环保物流。与正向物流相比，逆向物流有着明显的不同特点：首先是产生的地点、时间和数量难以预见，而正向物流则按量、按时、按地点提供合适的产品；其次是发生的地点较为分散、无序,不可能集中起来一次性向接受地转移;再次是发生的原因通常与质量或数量异常有关;最后是处理的系统和方式比较复杂、多样,不同的处理手段对资源价值的贡献有显著差异。

(3) 循环物流系统的结构。从物流系统可持续发展角度看,不仅要考虑物流资源的正常、合理的使用,发挥物流主渠道作用,保持系统的革新与发展,同时还需要实现物流资源的再使用(回收处理后再使用)、再利用(不用的物品处理后转化成新的原材料或产品使用)。为此,应当建立生产、流通、消费的物流循环往复系统。衍生物逆向物流的治理系统分成两部分:一部分是由提供物的生产企业治理,如退货、维修等逆向物流活动;另一部分是由专业衍生物物流公司或政府监督控制部门治理,因为不少逆向物流问题是社会问题,不是哪一家企业能够处理好的,由公共的专业衍生物物流公司通过提供有偿服务、国家税收财政资助等手段,实现逆向物流的有效治理。

物的正向物流和衍生物的逆向物流是循环物流系统的两个子系统,两者是相互联系、相互作用和相互制约的。逆向物流是在正向物流运作过程中产生和形成的,没有正向物流,就没有逆向物流;逆向物流流量、流向、流速等特性是由正向物流属性决定的。如果正向物流利用效率高、损耗小,则逆向物流必然流量小、成本低;反之,则流量大、成本高。另外,在一定条件下,正向物流与逆向物流可以相互转化,正向物流管理不善、技术不完备就会转化成逆向物流;逆向物流经过再处理、再加工、改善管理方法制度,又会转化成正向物流,被生产者和消费者再利用。因此,必须基于正向物流和逆向物流相互联系与相互作用的过程制定循环物流系统的优化策略。

(4) 循环物流系统的动力。循环物流系统的动力来源于三个方向的拉动和制约:一个是物流利益的驱动,物流被视为"第三利润源";二是物流成本的推动,减少浪费、降低能耗已被企业所广泛认识,但是对物流的绿色成本认识不足是不重视逆向物流的重要原因;三是物流法规与政策的压力,如政府、行业的法规与政策,要促使企业有积极性治理逆向物流,当企业感到治理成本大于正向物流所带来的利益时,它就没有积极性从事治理逆向物流的活动。所以,关键在于要建立逆向物流治理的动力机制。

3. 循环物流系统的基本原则

循环经济要求物流系统要以3R原则为经济活动的行为准则。

(1) 减量化原则(reduce),要求用较少的原料和能源投入来达到既定的生产目的或消费目的,则经济活动的源头就应注意节约资源和减少污染。减量化有几种不同的表现,在生产中,常常表现为要求产品小型化和轻型化。此外,减量化原则要求产品的包装应该追求简单、朴实而不是豪华、浪费,从而达到减少废物排放的目的。

(2) 再利用原则(reuse),要求制造的产品和包装容器能够以初始的形式被反复使用。再利用原则要求抵制一次性用品的泛滥,生产者应该将制品及其包装当作一种日常生活器具来设计,使其像餐具和背包一样可以被再三使用。再利用原则还要求制造商尽量延长产品的使用期,而不是非常快地更新换代。

(3) 再循环原则(recycle),要求生产出来的物品在完成其使用功能后能重新变成可以利用的资源,而不是不可恢复的垃圾。按照循环经济的定义,再循环有两种情况:一种是原级再循环,即废品被循环用来产生同种类型的新产品,如报纸再生报纸、易拉罐再生易拉罐等;另一种是次级再循环,即将废物资源转化成其他产品的原料。原级再循环在减少原材料消耗方面的效率要比次级再循环高得多,是循环经济追求的理想境界。

3R原则有助于改善企业的绿色形象,使它们从被动转化为主动。典型的事例就是杜邦公司的研究人员创造性地把3R原则发展成为与化学工业实际相结合的3R制造法,以达到少排放甚至零排放的环境保护目标。该公司通过放弃使用某些有害的化学物质、减少某些化学物质的使用量以及发明回收本公司产品的新工艺,在过去5年中使生产造成的固体废弃物减少15%,有毒气体排放量减少70%。同时,在废弃的牛奶盒和一次性塑料容器中回收化学物质,开发了耐用的乙烯材料——维克等新产品。

减量化原则、再利用原则、再循环原则在循环经济中的重要性并不是并列的。循环经济不是简单地通过循环利用实现废弃物资源化,而是强调在优先减少资源消耗和减少废物产生的基础上综合运用3R原则,3R原则的优先顺序是减量化、再利用、再循环。

4. 基于绿色供应链的循环物流系统运作模式

由于循环物流涉及供应链上的所有企业,因此,循环物流系统结构的形成必须基于供应链而构建。考虑到循环物流系统的有效运作是以减量化、再利用、再循环这三项原则为基础的,因而在分析循环物流系统结构的具体形成这一问题时,也主要从这三项原则的角度来展开。

(1) 再利用原则的实施需要供应链中上下游企业间的密切合作。作为既有经济回报又有环境效益的再利用原则与再利用过程,其在实践中主要是对丧失功能的产品进行修复以及对失效的零部件进行更换,并在此基础上使产品能得以重新使用。作为一项复杂的系统工程,再利用原则的实施不仅需要消费者与产品生产商、产品销售商展开合作,而且需要原产品有周密的设计——最起码而言,产品的拆卸与更新应能在更方便的基础上进行,显然这一点也需要供应链上下游企业的紧密合作与共同努力。

另外，对包装容器的再利用也需要供应链上下游企业有相应的技术配合。总之，离开了供应链中上下游企业之间的协作与配合，再利用原则的有效实施是不可能进行下去的。

(2) 减量化原则的实施也需要供应商的协作。按照循环物流的减量化原则的要求，产品生产所需的原材料、零部件、包装原材料等方面的供应物资都必须具有对环境友好的特征：不仅无毒无副作用，而且应是减量化的或起码应是便于拆卸与再循环利用的。既然如此，企业在开展面向环境的产品设计与制作时，就应该将企业的采购行为与供应商的相关行为共同纳入环境管理的范畴。事实也的确如此，离开了生产厂家与供应方的沟通，离开了供货方的密切合作，实践中，减量化原则往往很难真正地落到实处。例如，在产品原材料的选用过程以及规范对原材料的使用过程中，生产厂家与供货方的沟通就显得至关重要；为了减少加工过程中的切削量与残余量，就有必要改变某种或某些毛坯件的尺寸与规格，显然这方面同样需要生产厂家与供货方的有效沟通与密切合作；由于进货时使用可重复利用的包装器与包装袋有利于节约资源与减少废物，而包装方式的改变也同样需要供应商的物流设备做出相应的调整。由此可见，离开了与供应商的沟通与合作，企业减量化原则的顺利进行势必会受到阻碍。

(3) 绿色市场的形成离不开末端客户的支持。在实践中，无论是经过维修、翻新、改制得到的产品，还是经过再循环得到的再生资源，如果没有消费者的需求，没有企业客户的需求，再循环原则的有效实施是不可能持续下去的。产品的减量化与产品包装的简明化也同样需要得到消费者的大力支持才能得以顺利实施。

循环物流会涉及供应链上的所有企业，基于循环物流的减量化原则、再利用原则、再循环原则，可构建从原料供应商、零部件供应商，再到生产企业、分销企业和消费者的，基于绿色供应链的循环物流系统运作模式，如图1-4所示。

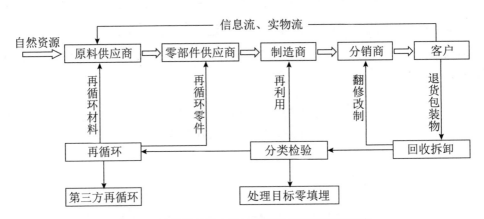

图1-4　基于绿色供应链的循环物流系统运作模式

四、绿色物流管理措施

绿色物流管理作为当今社会经济可持续发展的重要组成部分，对经济的发展和人民生活质量的改善具有重要的意义。各国政府和企业界都应强化物流管理，共同构筑绿色物流发展的框架。

(一) 政府的绿色物流管理措施

1. 对发生源的管理

对发生源的管理主要是对物流过程中产生环境问题的来源进行管理。由于物流活动的日益增加以及配送服务的发展，引起在途运输的车辆增加，必然导致空气污染加重。可以采取以下措施对发生源进行控制：制定相应的环保法规，对废气排放量及车种进行限制；采取措施促进使用满足环保要求的车辆；普及使用低公害车辆；对车辆产生的噪声进行限制。

2. 对交通量的管理

发挥政府的指导作用，推动企业从自用车运输向营业用货车运输转化；促进企业选择合理的运输方式，发展共同配送；政府统筹物流中心的建设；建设现代化的物流管理信息网络等，从而最终实现物流效益化，特别是提高中小企业的物流效率。通过这些措施来减少货流，有效地消除交错运输，缓解交通拥挤状况，提高货物运输效率。

3. 对交通流的管理

政府投入相应的资金，建设都市中心立体交通道路，制定有关道路停车管理规定，采取措施实现交通管制系统的现代化，开展道路与铁路的立体交叉发展，以减少交通堵塞，提高配送的效率，达到环保的目的。

4. 加强对绿色物流人才的培养

绿色物流作为新生事物，对营运筹划人员和各专业人员的素质要求较高，因此，要实现绿色物流的目标，培养一大批熟悉绿色物流理论与实务的物流人才是当务之急。各相关大专院校和科研机构应有针对性地开展绿色物流人才的培养和训练，开发相关课程，变革教学模式、考核方式和教学方法，努力为绿色物流产业输送更多合格人才；还可以通过调动企业、大学及科研机构相互合作的积极性，促进产学研的结合，使大学与科研机构的研究成果能转化为指导实践的基础，提升企业物流从业人员的理论水平。此外，还应引导政府部门、企业、行业组织、咨询机构及民办教育机构参与并采取多种形式开展多层次的绿色物流人才培训和教育工作，如专家讲座、参观学习、各种培训等，不断培养造就大批熟悉绿色物流业务、具有跨学科综合能力、有开拓精神和创造力的绿色物流管理人员与绿色物流专业技术人员。

5. 深化绿色物流标准的建设和贯彻

标准化建设可以规范并引领物流产业的绿色发展。近年来，在国家标准方面，我国在2018年发布了《绿色物流指标构成与核算方法(GB/T 37099—2018)》，2021年颁布国标计划《绿色制造 制造企业绿色供应链管理 逆向物流》，2022年颁布国标计划《绿色产品评价 物流周转箱》《物流行业能源管理体系实施指南》《物流企业能源计量器具配备和管理要求》。在地方标准方面，2016年发布了《商贸物流绿色配送管理规范》，2019年发布了《绿色物流企业》，2022年发布了《商贸物流绿色仓储与配送要求》。在行业标准方面，2020年发布了《家用电器绿色供应链管理 第3部分：物流与仓储》。从上述标准可以看出，国家、地方、行业都越来越重视绿色物流标准的制定。未来，我国绿色物流标准在绩效评价、审核等方面仍需要进一步完善。同时，各类标准的贯彻也是影响绿色发展的关键，积极开展绿色物流相关标准的宣贯和评价将是我国绿色物流健康、快速发展的助推器。

(二) 企业的绿色物流管理措施

推动绿色物流的发展除了加强政府管理，还应重视民间绿色物流的倡导，加强企业的绿色经营意识，发挥企业在环境保护方面的作用，从而形成一种自律型的物流管理体系。

1. 企业经营战略与环境保护结合

企业从保护环境的角度制定其经营管理战略，对于推动绿色物流的发展具有非常重要的作用。为此，企业要全面实施物流活动的绿色化，包括绿色运输物流管理、绿色包装物流管理、绿色仓储物流管理、绿色废弃物物流管理、绿色装卸与搬运物流管理、绿色流通加工等一系列绿色物流管理。

2. 转变观念，树立全员参与意识

绿色物流管理是一种全新的管理理念，它要求企业以可持续发展为基础，着眼于长远利益，这就要求企业领导与员工转变观念，树立全员参与意识。环境保护是人类社会可持续发展的客观要求，领导必须积极地把经济目标、绿色目标和社会目标恰如其分地联系在一起考虑，让员工和供应商了解企业自身对环保的重视。正如美孚石油总裁瑞德所说，"没有任何企业的未来是安全的，除非它的环保表现是可以接受的"。因此，提高企业高层领导对环境保护工作的重视程度，是成功实施绿色物流管理的关键。全员参与还包括企业要运用绿色理念来指导规划和改造产品结构，并切实制订"绿色计划"。实施"绿色工程"，树立"绿色标兵"，发动全员积极进行一场全方位的"绿色革命"；企业要深入学习、研究环境管理和可持续发展的理论，树立绿色经营管理理念，确立顺应时代潮流、争做地球卫士的企业精神和企业风格，制定环境管理战略；工程技术人员要不断学习新的绿色技术，不断提高自己的环境保护理论水平和技能，从设计与制造方面减少或消除污染，并从污染控制转向绿色生产，提高生态效率；对处于生产第一线的员工，要培育"绿色消费""绿色产品"和珍爱人类生存绿色环境的意识，使环保、生态、绿色的理念深入人心。

3. 积极推行ISO14000环境管理体系

ISO14000是国际标准化组织第207技术委员会从1993年开始制定的系列环境管理国际标准的总称，它与以往各国自定的绿色排放标准和产品的技术标准等不同，是一个国际性标准，为全世界工业、商业、政府等所有组织改善环境管理行为提供了统一标准。它由环境管理体系绿色行为评价、生命周期评估、环境管理、产品标准中的绿色因素等7部分组成，其标准号为14001—14100，共100个。目前，ISO14000环境管理体系已被世界贸易组织成员普遍接受，已成为国际贸易中的"绿色通行证"。目前世界上许多国家已宣布，没有通过认证，不具备绿色产品或绿色标志产品的商品，将在数量和价格上限制其进、出口。因此，ISO14000被称为企业产品进入国际市场的"通行证"。

4. 大力推行绿色采购

绿色采购就是企业内部各个部门协商决策，在采购行为中考虑绿色因素，通过减少材料使用成本和末端处理成本来保护资源、提高企业声誉等，进而提高企业绩效。具体讲就是，企业内部加大采购部门与产品设计部门、生产部门、营销部门的沟通和合作，共同决定采用哪种材料和零部件，以及选择哪些供应商，确定与供应商的合作方式，通过减少采购难以处理或对生态系统有害的材料，提高材料的再循坏和再利用，以及减少不必要的包装和更多使用可降解或可回收的包装等措施，控制材料和零部件的购买成本，降低末端环境治理成本，提高企业产品质量(如生产获得权威认证的绿色产品)，改善企业内部绿色状况，最终提高企业绩效(主要是指财务绩效，同时包括绿色绩效、企业声誉等)。绿色采购已被中国许多企业，尤其是运营良好的企业所接受。

5. 实行绿色营销

绿色营销是以常规营销为基础，强调把消费需求、企业利益及环保利益三者有机统一起来，是一种较高级的社会营销。绿色营销的主要内容是收集绿色信息、开发绿色产品、设计绿色包装、制定绿色价格、建立绿色销售渠道及开展绿色促销等。绿色营销活动的主要特征如下。

(1) 提倡绿色消费意识。绿色营销的核心是提倡绿色消费意识，进行以绿色产品为主要标志的市场开拓，营造绿色消费的群体意识，促销绿色产品，培育绿色文化。这种绿色消费意识满足了人们保护和改善生态环境、实现全球经济可持续发展的要求。目前，绿色消费的浪潮席卷全球，绿色消费意识得到了各国消费者的认同。一项调查显示，75%以上的美国人、67%的荷兰人、80%的德国人在购买商品时考虑环境问题，有40%的欧洲人愿意购买绿色食品。

(2) 实行绿色促销策略。绿色营销对企业提出了环保的要求，促使企业的促销策略发生了重大转变。企业的注意力将从单纯追求利润转变为在营销中注重生态环境的保护，促进经济与生态的协调发展。因此，企业在获取自身利益的同时，必须考虑环境影响的代价，不能以损坏或损害环境来达到企业营利的目的。

(3) 采用绿色标志。采用绿色标志是绿色营销的重要特点。绿色标志产生于"利于绿色"(environmental-friendly)的思想，该思想是西方国家在20世纪90年代初提出的，环保主义者提倡进行利于绿色的消费，从最早的废旧电池回收到自备购物袋，开始只是约束消费者自身的购物、消费行为，后来有识之士认识到生产过程涉及环节众多，因此更要进行环保监控。于是，"绿色标志"等就成为衡量生产企业环保生产的标准。

(4) 培育绿色文化。绿色营销的发展推动绿色文化的建设。绿色文化的建设成为绿色营销的支撑。随着绿色营销的开展，绿色文化出现了以下几个明显的特点：绿色文化成为企业文化的中心内容；在绿色文化的建设中，企业目标开始与绿色目标相融合；企业管理理念、营销理念开始与绿色生态理念相融合。

6. 企业物流流程绿色再造

企业物流流程绿色再造包括运输与装卸方面的及时性、安全性，保管加工方面的保质保鲜性，包装信息处理方面的健康环保性，以及以上任何一环的无毁性。

首先，要选择绿色运输策略，实施联合一贯制运输。联合一贯制运输是指以单元装卸系统为媒介，有效地巧妙组合各种运输工具，从发货方到收货方始终保持单元货物的状态而进行的系统化运输方式。这种运输方式解决了传统运输方式的废气排放、噪声污染和交通阻塞等问题，通过运输方式的转换，可削减汽车总行车量；通过有效利用车辆，可以降低车辆运行量，提高配送效率。

其次，要开展共同配送，减少污染。共同配送是以城市一定区域的配送需求为对象，人为地进行有目的地、集约化地配送。它往往是由同一行业或同一区域的中小企业协同完成的。共同配送因为是统一集货、统一送货，有很多优点，比如，可以明显地减少货流；能够有效地消除交错运输，缓解交通拥挤状况；可以减少空载率，提高市内货物运输效率；有利于提高物流配送水平，降低企业库存，甚至实现"零"库存，大大降低物流成本。

最后，要提倡绿色经营策略。物流企业要围绕绿色环保和可持续发展的理念开展经营，不能安于现状、不思进取。企业要积极加强各个环节的绿色化建设，使用绿色包装，开展绿色流通加工，全面开展物流企业的科学技术的改造，通过第三方物流的引入，以及对物流流程、环节与各设施器械的技术创新、技术引进和技术改造，提高企业的营运能力和技术水平，最大限度地降低物流的能耗和货损，增强环保能力，防止二次污染。

7. 建立废弃物的回收再利用系统

大量生产、大量流通、大量消费的结果必然导致大量的废弃物，大量废弃物的处理会引发社会资源的枯竭及自然环境的恶化。21世纪的物流必须从系统建筑的角度建立废弃物的回收再利用系统。建立废弃物的回收再利用系统仅仅依靠单个企业是不够的，企业不仅要考虑自身物流效率，还必须与供应链上的其他关联者协同起来，从整个供应链的范围内来组织物流，最终在整个社会中建立包括供应商、生产商、批发商、零售商和消费者的循环物流系统。

读书笔记

第二章
实验认知

第一节　实验概况

第二节　知识点

第一节　实验概况

一、实验简介

为了适应我国绿色低碳经济发展的需要，坚持"立德树人、以学生为中心、问题导向、创新实践"的培养理念，按照"虚实结合、以虚补实"的原则，本实验3D仿真一家大型传统物流企业，从物流经理的视角，按照国家标准《绿色物流指标构成与核算方法(GB/T 37099—2018)》等，一站式诊断运输、包装、噪声、绿地、水系统、废弃物、能源等20余种物流污染问题，并对传统设备和业务进行绿色化替换决策，对大气污染、温室气体排放(含碳排放)、路径优化(碳中和测算)等关键问题进行人机交互测算。

在两种3D场景下完成整个实验："实验训练"场景下，对传统物流企业进行绿色化改造训练，体验环保型物流企业；"实验考核"场景下，检验传统物流企业进行自主决策的绿色化改造效果。通过大型综合性训练，培养"知环保、懂管理、善决策"的绿色物流紧缺的专业人才。

二、实验原理

1. 基于企业社会责任和核心竞争力驱动传统物流企业的绿色化发展转型

企业社会责任是指企业在创造利润、对股东和员工承担法律责任的同时，还要承担对消费者、社区和环境的责任，强调企业主动承担环境保护责任。物流企业同样需要承担企业社会责任，面对自身运营产生的各类污染，有责任解决相关问题。此外，企业的绿色化发展也已成为增强企业核心竞争力的利器。为此，企业社会责任和核心竞争力共同驱动了本实验中传统物流企业的绿色化发展转型。

2. 依托循环经济理论探索物流污染问题与绿色化对策

循环经济是一种以资源的高效利用和循环利用为核心，以减量化、再利用、再循环为原则，以低消耗、低排放、高效率为基本特征，符合可持续发展理念的经济增长模式，是对"大量生产、大量消费、大量废弃"的传统经济增长模式的根本变革。在本实验中，将依托循环经济理论探索物流污染问题和绿色化对策。

3. 根据国家标准等诊断物流污染并做出自主设计替换决策

根据国家标准《绿色物流指标构成与核算方法(GB/T 37099—2018)》等识别传统设备与业务、测算实验中的大气污染、温室气体排放量等结果；根据环保新材料、新装备、新理念等对传统设备与业务进行绿色优化替换决策；参考《绿色物流指标构成与核算方法(GB/T 37099—2018)》《温室气体议定书的公布指南》等开展物流企业的绿色化自主设计。

4. 采用节约法优化路径并开展大气污染和碳排放分析

节约法也称节约里程法，是用来解决运输车辆数目不确定问题的最有名的启发式算法。其核心思想是依次将运输问题中的两个回路合并为一个回路，每次使合并后的总运输距离减小的幅度最大，直到达到一辆车的装载限制时，再进行下一辆车的优化。本实验中，采用节约法测算物流运输车辆路径优化后所产生的大气污染、碳排放。

三、实验方法

本实验包含三个模块：基础知识、实验操作和设备认知。其中，"基础知识"和"设备认知"两个模块均属于实验准备，可以根据相关资源直接进行学习。"实验操作"是实验的核心模块，下面对该模块进行重点阐述，具体流程如图2-1所示。

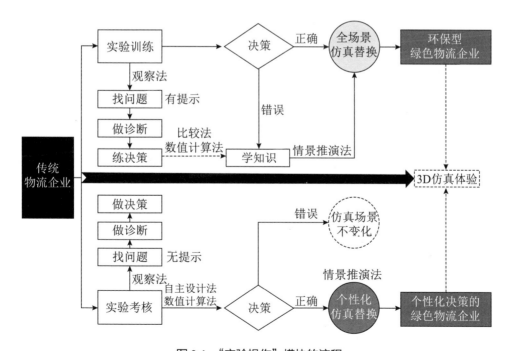

图2-1 "实验操作"模块的流程

(一) 物流经理在"实验训练"场景中的任务

(1) 在场景中通过观察法查找物流污染问题(系统有高亮提示),实现"找问题"。

(2) 根据实验给出的信息,结合自己掌握的知识点,分析物流污染问题。这个过程的重点在于激发学生的好奇心,促进其了解自身当前实力,实现"做诊断"。

(3) 通过比较法和数值计算法等,练习做出绿色物流决策,实现"练决策"。

(4) 无论决策正确与否,系统都会提示正确的结果,通过比较法传输知识点,实现"学知识"。

(5) 通过情境推演法,将场景内的传统设备或者业务替换成绿色清洁设备或者业务。通过持续替换,最终展现环保型绿色物流仿真景观,实现"真体验"。

上述操作方法在虚拟仿真实验教学实践中取得了很好的教学效果,得到了师生一致好评,本书将其命名为"找问题—做诊断—练决策—学知识—真体验"五步训练法。

(二) 物流经理在"实验考核"场景中的任务

(1) 在场景中通过观察法寻找物流污染问题(系统无高亮提示),实现"找问题"。

(2) 根据实验给出的信息,结合自己掌握的知识点分析问题,实现"做诊断"。

(3) 采用自主设计法和数值计算法,给出个性化绿色物流决策,实现"做决策"。

(4) 如果决策正确,场景中的传统设备或者业务将被绿色环保设备或业务替换;如果决策不正确,场景不会发生改变。最终的实验场景是每个个性化决策后的绿色物流仿真景观,实现个性化的"真体验"。

四、实验要求

学生需要提前了解物流管理的分类等基本知识,理解运输、储存、装卸、搬运、包装、流通加工、配送信息处理等物流要素及其作用,掌握绿色物流常规方法和手段,重点掌握国标《绿色物流指标构成与核算方法(GB/T 37099—2018)》的相关内容,同时应具备如下能力。

(1) 一定的物流优化计算能力。掌握节约法等基本的物流路线优化方法,能够对实际问题做出分析和决策。

(2) 良好的比较、分析能力。针对物流设备或者业务污染问题,能够根据基本的经济与管理等知识开展比较、分析，促进物流污染问题的解决。

(3) 知识获取能力。能够运用科学方法，通过课堂、文献、网络、实习、实践等渠道获取绿色物流知识，拓展学习渠道，提升实验质量。

(4) 知识应用能力。能够将以往所学知识、技能和方法应用到物流污染问题的虚拟仿真实验中，具备理论联系实际的能力。

第二节　知识点

实验涉及的知识点共10大类55个，主要内容如下。

(1) 绿色储存，包括堆垛、货架、智能升降设备等。

(2) 绿色包装，包括绿色材料、设备等。

(3) 绿色配送，主要是节约法路线优化。

(4) 绿色装卸与搬运，包括叉车、AGV、穿梭车、无人机等设备。

(5) 绿色流通加工，包括逆向物流区的循环包装袋与材料。

(6) 物流信息化，包括电子面单、电子发票、RFID设备等。

(7) 声、光、水、尘污染的防治，包括生产、照明、循环水系统、清洁能源等相关设施与设备。

(8) 物流大气污染的防治，主要涉及大气污染计算模型。

(9) 物流温室气体排放，主要是温室气体排放计算模型，包括碳排放、国际石油桶转换计算、碳中和等。

(10) 绿色物流管理制度，主要是逆向物流、ISO14000环境认证等。

 读书笔记

第三章
实验操作

第一节　实验平台登录与准备
第二节　绿色化替换决策训练
第三节　大气污染与温室气体排放测算训练
第四节　运输路径优化与碳排放测算训练
第五节　实验考核
第六节　实验结论

第一节　实验平台登录与准备

打开实验程序，进入图3-1所示的实验界面。

图3-1　绿色物流虚拟仿真实验界面

AS公司是一家传统的物流企业，对环境的污染较严重。考虑到物流污染对环境的影响日趋加剧，为了履行企业社会责任，提高企业核心竞争力，公司决定向绿色物流转型。

实验者将以AS公司物流经理的身份，以第一人称视角进入物流中心，对现有物流业务进行巡查。主要根据国家标准《绿色物流指标构成与核算方法(GB/T 37099—2018)》一站式诊断各类物流污染问题，并对传统设备和业务进行绿色化替换训练，最终全面体验环保型物流企业。厂区俯瞰图和作业区平面图如图3-2和图3-3所示。

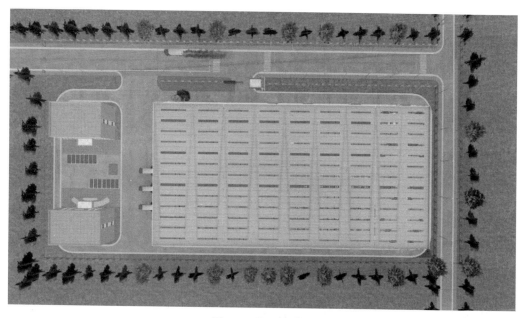

图 3-2 厂区俯瞰图

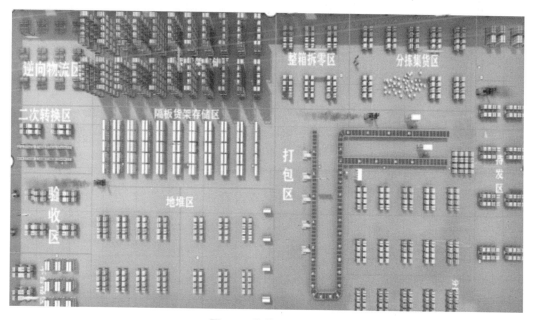

图 3-3 作业区平面图

模块一：学习核心知识

进入"基础知识"，学习绿色物流主要知识点，包括"概念""标准""资源"3个模块。基础知识的主界面及部分子界面如图3-4所示。

图 3-4 基础知识的主界面及部分子界面

（1）"概念"模块的主要内容：绿色物流、集约资源、绿色运输、绿色仓储、绿色包装等的标准定义。

（2）"标准"模块的主要内容：《绿色物流指标构成与核算方法(GB/T 37099—2018)》《工业企业厂界环境噪声排放标准(GB 12348—2008)》《声环境功能区划分技术规范(GB/T 15190—2014)》和《物流建筑设计规范(GB 51157—2016)》。

（3）"资源"模块的主要内容：绿色物流管理概述、绿色物流管理的系统要素、物流管理要素的绿色化、绿色物流管理的运作模式和绿色物流管理的实施措施。

模块二：认知22种绿色物流核心设备

进入"设备认知"，掌握绿色物流核心设备的概念及应用，包括太阳能路灯、生物降解塑料袋、循环包装袋、可循环的RFID(射频识别)环保袋、循环帆布袋、漂流箱、绿色标准箱、共享快递盒、青流箱、可循环生鲜保温箱、循环箱、气泡膜、穿梭车、地狼搬运AGV(automated guided vehicle，自动导向车)、快递无人机、盘库无人机、纯电动叉车、机械臂、无人车、自动化立体仓库和自动化分拣设备等22种物流核心设备。部分绿色物流核心设备如图3-5所示。

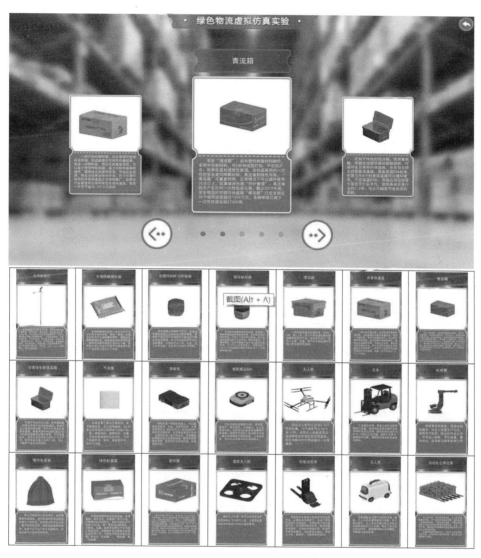

图3-5 绿色物流核心设备（部分）

第二节 绿色化替换决策训练

单击"实验操作"进入"实验训练"场景。

首先，实验引用党的二十大报告等相关论述，阐明开设本实验的意义，培养环保意识与社会责任感。接下来,系统自动引领物流经理来到"企业信息中心",查看AS公司当前各项物流污染排放的可视化信息。单击大气污染、温室气体排放等项目可以查看详情,单击右下角"17项指标",可以在右上角的仪表盘中动态查看各项具体数据。AS公司物流污染物排放信息大厅的主界面如图3-6所示,固体、液体污染物排放信息如图3-7所示。

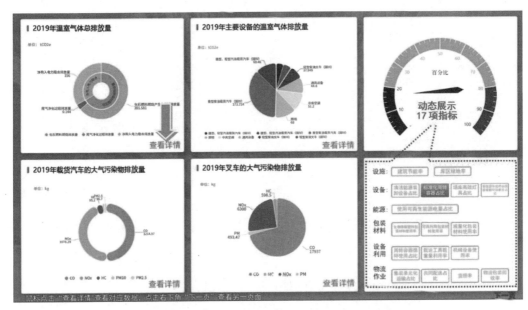

图3-6 AS公司物流污染物排放信息大厅的主界面

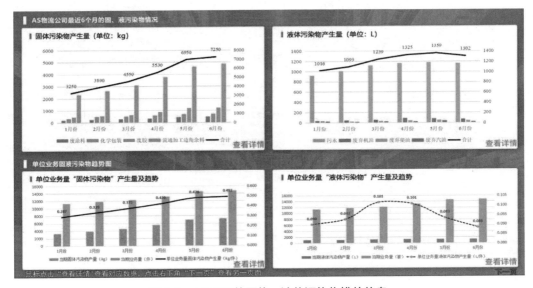

图3-7 AS公司的固体、液体污染物排放信息

单击右下角各项指标模块,右上角仪表盘将动态显示当前污染数据信息。仪表盘

的内容体现了绿色化程度。图3-8展示了AS公司的10项绿色物流指标信息(基于GB/T 37099—2018指标)。

图 3-8　AS 公司的 10 项绿色物流指标信息（基于 GB/T 37099—2018 指标）

以下模块的实验没有顺序要求，可以自主随机操作，完成各模块实验即可。

模块三： 诊断固体废弃物

1. 诊断任务

单击厂区的固体废弃物，显示近期该企业单位业务固体废弃物产生量的趋势图。诊断从单位业务固体废弃物产生量的趋势来看，企业是否需要改善固体废弃物管理，并对可行的改进举措进行决策。过程中，可以单击决策选项学习相关知识点。最终，固体废弃物消失。完成此项，系统自动记录成绩，绿色能量条增加一格。图3-9展示了"找问题—做诊断—练决策—学知识—真体验"五步法的完整实验过程。

图 3-9　"找问题—做诊断—练决策—学知识—真体验"五步法的完整实验过程

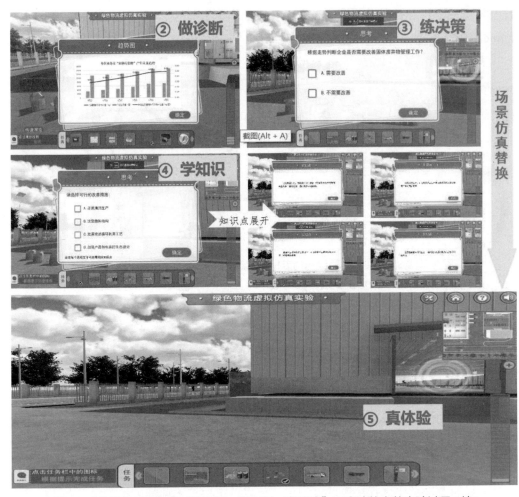

图 3-9 "找问题—做诊断—练决策—学知识—真体验"五步法的完整实验过程（续）

2. 知识点

1) 开展清洁生产，可以减少产品生产或服务过程可能对人类及环境产生的危害。

2) 改变燃料结构，可以增加清洁燃料(例如风力和生物等可再生燃料)使用比重，进而减少环境污染。

3) 发展资源循环利用工艺，可以达到资源多层次和反复利用的目的。

4) 加强产品和包装的生态设计，可以降低产品或包装对人体及自然环境的危害。

模块四： 诊断液体污染物

1. 诊断任务

单击液体污染物，完成液体污染物分析。对"从绿色物流角度，企业应关注物流活动中排放的哪些液体污染物"进行思考和决策。回答完毕，展示企业液体污染物排放清单，显示近期该企业单位业务液体污染物排放量的趋势图，根据趋势图对"企业是否需要改善液体污染物排放管理"进行决策。最终，场景中的液体污染物消失。完成此项，系统自动记录成绩，页面中右下角绿色能量条增加一格。诊断液体污染物的主要实验过程与替换效果如图3-10所示。

图 3-10　诊断液体污染物的主要实验过程与替换效果

2. 知识点

液体污染物的危害主要包括对人体健康的危害和对土壤环境的危害。液体污染物包括杀虫剂、洗涤剂、工业废水和废油、高浓度的液态废酸和废碱等。离子液体也是一种新型的液体污染物，它完全由离子组成，现在多指在低于100℃时呈液体状态的熔盐。

模块五：诊断光系统

1. 诊断任务

寻找被高亮显示的白炽路灯并单击，弹出当前路灯参数，查看能量类型，诊断是否符合绿色物流标准，然后对替换清洁能源路灯的多种方案进行决策训练。将场景中所有传统路灯替换为清洁能源灯。完成此项，系统自动记录成绩，页面中右下角绿色能量条增加一格。"白炽路灯"替换为清洁能源路灯的主要训练过程与替换效果如图3-11所示。

图3-11 "白炽路灯"替换为清洁能源路灯的主要训练过程与替换效果

2. 知识点

1) 白炽灯

在所有用电的照明灯具中，白炽灯的效率是最低的。它所消耗的电能只有约2%可转化为光能，而其余部分都以热能的形式散失了。据测算，中国照明用电约占全社会用电量的12%左右。如果把在用的白炽灯全部替换为节能灯,每年可节电480亿千瓦时,相当于减少二氧化碳排放4800万吨,节能减排潜力巨大。逐步淘汰白炽灯,不仅有利于加快推动我国照明电器行业技术发展,促进照明电器行业结构升级、优化,而且也将为应对全球气候变化做出积极贡献。

2) 太阳能路灯

太阳能路灯是采用晶体硅太阳能电池供电,使用免维护阀控式密封蓄电池(胶体电池)储存电能,将超高亮LED灯具作为光源,并由智能化充放电控制器控制,用于代替传统公用电力照明的路灯。太阳能路灯无须铺设线缆,无须交流供电,不产生电费,采用直流供电、光敏控制,具有稳定性好、寿命长、发光效率高,安装维护简便、安全性能高、节能环保、经济实用等优点,可广泛应用于城市主、次干道,以及小区、工厂、旅游景点、停车场等场所。

模块六: 诊断噪声污染

1. 诊断任务

园区内的一辆货车驶过,发出鸣笛声音,判断是否符合绿色物流标准,并通过拉动声音条将声音调整到合理分贝。诊断汽车噪声污染的训练场景如图3-12和图3-13所示。

图3-12 诊断汽车噪声污染的训练场景一

图 3-13 诊断汽车噪声污染的训练场景二

2. 知识点

根据《声环境功能区划分技术规范(GB/T 15190—2014)》，以仓储物流为主要功能的区域属于3类声环境功能区，需要防止工业噪声对周围环境产生严重影响。《工业企业厂界环境噪声排放标准(GB 12348—2008)》规定，工业企业厂界外声环境功能区类别为3类时，环境噪声排放限值为昼不超65分贝，夜不超55分贝。2022年6月5日起施行的《中华人民共和国噪声污染防治法》规定，夜间是指晚上十点至次日早晨六点期间，设区的市级以上人民政府可以另行规定本行政区域夜间的起止时间，夜间时段长度为8小时。

模块七：诊断粉尘污染

1. 诊断任务

一辆货车上装载的货物在行驶中飘落粉尘，没有苫盖，产生粉尘污染。诊断该场景是否符合绿色物流要求，决策后场景中的对应车辆出现苫盖。粉尘污染的货车及对其进行苫盖后的场景如图3-14和图3-15所示。

图 3-14　粉尘污染的货车

图 3-15　对粉尘污染的货车进行苫盖后的场景

2. 知识点

粉尘是指直径很小的固体颗粒，可以是自然环境中天然产生的，如火山喷发产生的尘埃，也可以是工业生产或日常生活中的各种活动生成的，如矿山开采过程中岩石破碎产生的大量尘粒。粉尘通过呼吸道、眼睛、皮肤等进入人体，其中以呼吸道为主要途径。

模块八：诊断绿地率

1. 诊断任务

单击绿地时，弹出当前绿地参数。诊断绿地率是否符合绿色物流标准，并对"合理的绿地率"和"增加绿地的手段"进行决策。决策后，场景中的部分位置转换为绿地，同时建筑外围、护栏处等均增加植被。诊断绿地率的主要训练过程与替换效果如图3-16所示。

图3-16 诊断绿地率的主要训练过程与替换效果

2. 知识点

根据《物流建筑设计规范(GB 51157—2016)》的要求，库区的物流生产区用地范围的绿地率不应高于15%，库区内办公生活区用地范围的绿地率不应低于20%。

物流建筑的下列地段宜进行绿化：办公区、主干路及场区出入口、沿场区围墙、建筑两端和无装卸平台一侧地坪。物流建筑场区的出入口、内部道路交叉口等处的绿化物，应防止遮挡交通行车视线。场区内的绿化宜集中布置或呈隔离带状布置。物流建筑停车场周围设置绿化物时，乔木、灌木的分枝高度应满足车辆净高要求。机场、公路与铁路等货物运输服务物流建筑用地区域的绿化指标，应由运输场站总体规划、统一协调。港口货运站工程绿地率应符合现行行业标准《港口工程环境保护设计规范(JTS 149—1—2007)》的有关规定。具有口岸业务的物流建筑场地绿化布置应根据生产特点确定各类植物的比例与栽种方式，应防止引起安全隐患和增加监管难度。

模块九：诊断雨水循环系统

1. 诊断任务

单击草坪上的喷水花洒，弹出信息"来源：市政自来水　功能：浇灌植被"，提出思考"有何办法可以使自然水资源得到充分利用呢"，进行诊断，并在输入框中输入解决方案(雨水循环利用系统或者雨水循环系统，均可得分)。之后，界面上显示"亚洲最大的工业及物流基础设施提供商和服务商普洛斯绿色物流园区的示范工程案例"信息，展示雨水循环利用系统的工作原理。最终，厂区出现雨水蓄水池和雨水循环系统控制柜，同时展示正喷水的雨水花洒浇灌草坪。诊断雨水循环系统的主要训练过程与替换效果如图3-17所示。

图3-17　诊断雨水循环系统的主要训练过程与替换效果

2. 知识点

借助雨水循环系统，可以实现自然雨水的充分利用，提高自然资源利用率。雨水循环系统对园区雨水进行收集之后，对其处理后达到符合非饮用的使用标准，以满足园区绿化浇灌、道路冲洗、清洁用水等需求。利用大面积的屋顶、空地面积等，架设雨水收集系统，能够使物流仓储园区对自来水供应的依赖减少40%～50%；雨水循环系统也能够减少对排水系统的负荷，通过将径流水导入水箱进行循环利用，特别是在涝季，能够减少暴雨、洪水对园区的影响。

雨水收集系统包括屋面的雨水收集系统和地面的雨水收集系统。屋面的雨水收集系统如图3-18所示。由于屋面受人类活动的影响小一些，所以屋面对雨水的污染程度比地面要轻得多。而且地面的雨水收集系统要考虑到相当一部分的雨水途经绿地回补地下含水系统，因此两种收集系统在设计上有所差异。屋面雨水由于受污染少，水质较好，稍加处理或不经处理即可直接用于冲洗厕所、浇灌绿地或用作水景，也可直接进入渗透管沟或通过土壤经初步渗透后再进入渗透管系。

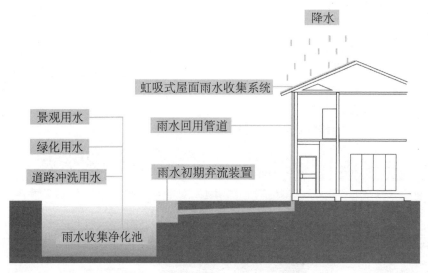

图 3-18 屋面的雨水收集系统示意图

屋面雨水典型的收集方式如下：屋面雨水经雨水立管进入初期弃流装置，通过初期弃流装置将初期较脏的雨水排至小区污水管道，进入城市污水处理厂处理后排放。经过初期弃流的雨水经独立设置的雨水管道流入储水池，雨水在池中经过过滤、沉淀、再过滤、消毒处理后，出水进入专为冲洗用水、洗涤用水和庭院浇灌用水设置的管网，可用于家庭、公共和工业等的非饮用水供水。由于地面的雨水水质较差，其主要用在系统和地表蓄水池。如果将地面雨水就近收集并回灌地下，不仅可以减少对环境的污染，还可提高城市污水厂的处理效果，降低处理成本。

普洛斯的常熟东南数据中心设置了约1 600m³的雨水收集池对园区屋面雨水进行收集，经过过滤、沉淀、再过滤、消毒处理后，进入专为冲洗用水、洗涤用水和园区绿化浇灌用水设置的非饮用水管网。位于大阪的尼崎物流园是普洛斯绿色物流园区的示范工程，配有雨水循环系统。南宁宇培仓储有限公司宇培电商物流园项目雨水循环系统设有两个容量均为350m³的PP模块雨水收集池，用于绿化浇灌和道路冲洗，满足节水需要。

模块十：诊断流水线包装

1. 诊断任务

通过穿梭门进入仓库，开展库区内实验。

(1) 单击流水线上的包装塑料袋，弹出当前"传统塑料袋"的信息。诊断该包装是否符合绿色物流标准，并对"基于绿色物流理念可考虑更换为什么包装"进行决策，选择完毕后流水线上的传统塑料袋替换为直接封箱、可降解塑料袋和循环包装袋3种包装方式。诊断流水线包装的主要训练过程与替换效果如图3-19所示。

本环节的训练引入了我国执行的限塑令的相关内容，体现了国家对环境治理的高度重视。

(2) 单击分拣设备出口的包装袋(在前期完成"自动分拣系统替换"后出现)，弹出当前传统包装袋的信息。诊断是否符合绿色物流标准，并对"可以考虑替换为哪些新型环保包装袋"进行决策。决策后，"一次性编织袋"更换为"可循环的RFID环保袋"。"一次性编织袋"替换为"可循环的RFID环保袋"的训练过程与替换效果如图3-20所示。

图 3-19 诊断流水线包装的主要训练过程与替换效果

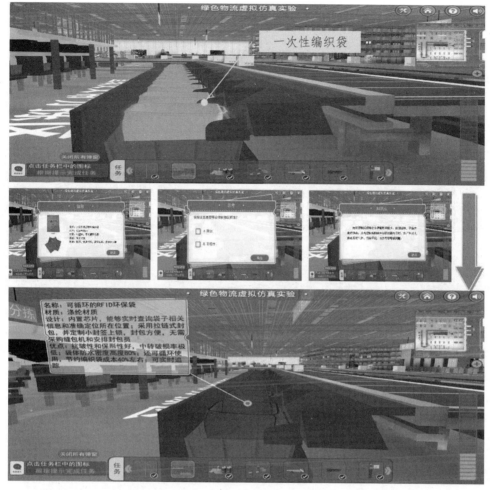

图3-20 "一次性编织袋"替换为"可循环的RFID环保袋"的训练过程与替换效果

(3) 来到重型货架前,如图3-21所示,查看货架上的Galanz格兰仕SBA-1型微波炉,其外包装为高强度耐破纸箱,外观完好,包装来源为制造企业。诊断是否需要二次包装发货。决策后,沿用原包装。

2. 知识点

(1) 塑料袋。塑料袋的主要原料包括聚丙烯、聚酯、尼龙等,优点是廉价、重量极轻、容量大、便于收纳等,缺点是降解周期极长、处理困难,部分国家已禁止生产和使用。我国自2008年6月1日起实行限塑令,在所有超市、商场、集贸市场等商品零售场所实行塑料购物袋有偿使用制度,商品零售场所一律不得免费提供塑料购物袋,并在全国范围内禁止生产、销售、使用厚度小于0.025毫米的塑料购物袋。我国塑料袋年产量为3 000万吨,消费量在600万吨以上。塑料袋如果按每年15%的塑料废弃量计算,全世界年塑料废弃量就是1 500万吨,我国的年塑料废弃量在100万吨以上,废弃塑

图 3-21 沿用原包装

料在垃圾中的比例占到40%，这样大量的废弃塑料作为垃圾被埋在地下，无疑给本来就缺乏的可耕种土地带来更大的压力。废弃塑料袋的填埋会占用大量土地，并且需要200年以上才能降解，这将改变土地的酸碱度，严重污染土壤，影响农作物吸收养分和水分，导致农业减产。而将其焚烧所产生的有害烟尘和有毒气体，也会对大气环境造成污染。我国国家邮政局加快推进快递包装减量化、标准化、循环化，大力实施"9917工程"，取得积极进展。截至2025年年底，全国范围邮政快递网点将禁止使用不可降解的塑料包装袋、塑料胶带、一次性塑料编织袋等。

(2) 生物降解塑料袋。生物降解塑料是指一类由自然界存在的微生物如细菌、霉菌(真菌)和藻类的作用而引起降解的塑料。生物降解塑料袋的主要原料为PLA、PHAs、PBA、PBS等高分子材料，在满足一定要求的条件下一般可以在90天后自动分解。理想的生物降解塑料是一种具有优良的使用性能，废弃后可被环境微生物完全分解，最终被无机化而成为自然界中碳素循环的一个组成部分的高分子材料。百世快递于2019年推出了全新环保PE袋Nbag，相关数据显示，每使用1个Nbag快递袋，就相当于减少5.4克碳排放。如果百世快递一年全部采用这种环保袋，相当于种植了一片有5万棵树的大森林。根据京东青流计划，到2020年，在用户端，京东物流50%以上的塑料包装将使用生物降解材料。

(3) 循环包装袋。循环包装袋的主要材料是无纺布，可降解、可重复使用。将小件商品装入循环包装袋后，将抽拉绳收紧，加装防盗标签保证配送过程中不被拆封；在自提点拆开包装袋，客户验货收货后，再把包装袋回收利用。这种方式不会产生外包装耗材，且包装袋可以直接循环利用。

(4) 一次性普通塑料编织袋。一次性普通塑料编织袋的主要材料是PE塑料，不可循环使用，可用于物流、快递打包、建筑垃圾、装运沙土等。一次性普通塑料编织袋存在降解周期极长、处理困难、环保性差的缺点；废弃塑料编织袋在焚烧或再加工时，会产生对人体有害的气体，污染环境，也会导致环保问题。

(5) 可循环的RFID环保袋。在包装袋上内嵌RFID芯片，实现对包裹的智能化分拣和定位跟踪管理，根据各个快递点的环保袋使用次数来进行相应的业绩管理。可循环的RFID环保袋的使用可以追根溯源，记录包裹从订单、分拣、出入库到运输、派送等全流程生命周期。申通、圆通快递在2017年上线了RFID系统，并在全国四个启用自动化设备的快递中心批量使用耐油、耐高/低温、可循环使用的RFID环保袋；申通快递从2018年开始新增10万个可循环的RFID环保袋，最大限度地减少对一次性编织袋的使用，降低对环境的污染。申通快递公司的数据显示，用带芯片的物流环保袋代替传统的一次性分拣袋，一小时最快能处理18 000件，且分拣准确率高达99.99%。国家邮政局"9792工程"要求，京东物流应采用"循环中转袋+RFID"方案，推广使用循环中转袋。截至2022年11月，循环中转袋平均使用率已经达到100%，每年可节约一次性编织袋使用1.4亿次，可减少消耗一次性塑料编织袋7 000万个以上。

(6) 循环帆布袋。循环帆布袋是采用帆布制成的物流包装袋。帆布是一种较粗厚的棉织物或麻织物，帆布袋具有环保的特性，它取之于自然，可以降解，耐久度和牢固度远高于无纺布袋，同时易清洗，可循环使用，应用于物流行业中可以提高资源利用。2019年3月的信息显示，申通快递480多万个环保袋的循环使用节省了近1亿个一次性塑料编织袋。

我国国家邮政局联合市场监管总局持续推进快递包装绿色产品认证，截至2022年9月底，我国共有95家企业获得116张快递包装绿色产品认证证书。

(7) 原箱发货。原箱发货指的是直接使用物体原有包装邮寄或运输。通过简约包装或零新增包装，可以大幅减少包装材料的使用和消耗，减轻环保压力，让快递包装越来越绿色化。菜鸟联手天猫超市，通过原箱发货和纸箱复用，截至2018年底，已经累计优化超过5亿个包裹，相当于节省了1.15亿个邮政6号纸箱，为地球节约了8千克水和木材，减少的碳排放超过1.5万吨。到2021年底，整个仓库里发货的包装中，70%都不再用新包装，都使用原包装或利用旧纸箱二次包装发货，减少新纸箱的使用；京东通过与宝洁、联合利华等品牌商合作，实现上万个商品SKU(库存量单位)出厂原包装直接送达消费者手中，有效地节约了物流环节二次包装的成本。2018—2022年的5年间已带动行业减少使用一次性包装100亿个，相当于减少砍伐约2 000万棵树木。此外，截至2021年底，通过与50多家企业合作推广简约包装，提升了商家纸箱在下游物流企业中的重复利用率，减少了1亿多个纸箱的使用。《中国邮政快递业绿色发展报告(2019—2020)》指出，截至2019年底，全国电商快件不再二次包装率达52%。2022年3月发布的《快递包装绿色转型之快递企业包装减量及绿色循环行动评价2021》中提到，在"不再二次包装"方面，顺丰速运和苏宁易购接近100%。

模块十一：诊断胶带使用情况

1. 诊断任务

单击图3-22所示的纸箱上的传统胶带，显示当前胶带参数(物流用途、宽度等)，诊断是否符合绿色物流包装标准，并对"基于绿色物流理念，可以采取什么举措？"进行决策。决策完毕，场景中的"胶带封箱"替换为"零胶纸箱"。"宽胶带"被替换为"零胶纸箱"的场景如图3-23所示。

本环节引入我国胶带使用情况介绍，激发对胶带引发的物流污染问题的高度关注。作为社会的一分子，我们必须重视物流污染治理，积极承担社会责任。

2. 知识点

胶带是由基材和黏合剂两部分组成，通过黏合剂使两个或多个不相连的物体连接在一起，其表面涂有一层黏合剂。最早的黏合剂来自动物和植物，在19世纪，橡胶是黏合剂的主要成分，而现代则广泛应用各种聚合物作为黏合剂。黏合剂可以粘住东西

图 3-22　采用传统胶带的场景

图 3-23 "宽胶带"被替换为"零胶纸箱"的场景

的原因是本身的分子和欲连接物品的分子间形成键结，这种键结可以把分子牢牢地黏合在一起。厂牌不同、种类不同，黏合剂的聚合物也不相同。根据基材的不同，胶带可分为BOPP胶带、布基胶带、牛皮纸胶带、美纹纸胶带、纤维胶带、PVC胶带、PE泡棉胶带等。

据不完全统计，我国每年用于封装的塑料胶带用量在160亿米以上，消耗塑料100万吨以上。透明胶带不仅增长迅速、总量庞大、种类繁多、难以降解，还会使纸箱和胶带难以分离，成为企业推行绿色包装的重要阻碍。此外，胶带的主要材料是聚氯乙烯，需要近百年才能降解。这些可怕的数字加上过度包装导致的浪费，以及随之而来的环境污染问题，让快递包装的绿色化迫在眉睫。尽量少用胶带或者不用胶带成为不少绿色包裹创新的主要出发点。目前，很多物流企业开始采用45毫米及以下窄胶带来封装货品。《中国邮政快递业绿色发展报告(2019—2020)》指出，全行业45毫米以下"瘦身胶带"封装比例达75%，每件快件平均同比减少使用胶带近20%。京东使用封箱胶带从53毫米"瘦身"到45毫米，并禁止层层缠绕，2020年一年减少使用4亿米胶带，可绕地球10圈。截至 2020 年 12 月，我国瘦身胶带封装比例达到 95%。2021年，顺丰完成"丰景计划"2.0升级，启动了对胶带、胶纸、贴纸、封条等8大类物料的减量化、标准化、场景化创新开发。在保障品质的前提下，含有再生材料的胶带已在4个地区陆续投放试用，细分场景下的减量化低黏性胶纸也已投放试用逾1万卷。此外，公司通过对多种快递场景和用户场景的研究，实现包材适配的精细化改型创新，结合限制过度包装的操作规程，减少原纸使用约3.4万吨，减少塑料使用约6 200吨。2021年，通过绿色包装总计减少温室气体排放27.9万吨。

模块十二: 诊断纸箱与油墨污染

1. 诊断任务

走到一堆白色纸箱前,查验环保情况。分别单击纸箱上的"一次性纸箱"亮区、"印有大量油墨信息"亮区、"5层瓦楞纸板"亮区,根据信息诊断是否符合绿色物流,并对"根据上述分析,你将采取哪些绿色物流举措?"问题进行决策。决策完毕,替换为三层、少油墨、可循环使用的纸箱。诊断"使用大量油墨的一次性纸箱"的实验训练过程与替换效果如图3-24所示。

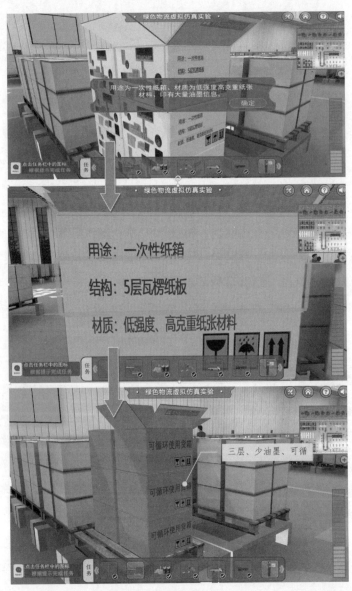

图 3-24 诊断"使用大量油墨的一次性纸箱"的实验训练过程与替换效果

2. 知识点

(1) 2016年，我国快递包裹数量超过313亿件。大量快递包裹都需要用纸箱包装，这超过300亿件的快递包裹需要的瓦楞纸箱原纸就高达4 600万吨，换算成造纸用的树木，约等于7 200万棵树！7 200万棵树是什么概念呢？我国著名的大型森林——小兴安岭，大约有155.5万棵树。换句话说，我国2016年一年电商购物所使用的快递包裹纸箱用纸所消耗的树木就相当于足足46.3个小兴安岭！快递包装主要有六类，主体包装中10%是封套、55%是包装箱、34%是塑料包装袋，还有填充物、胶带、内部处理的中转袋，种类多，用量大。快递企业的统计数据显示，与传统包装物相比，材质为高强度、低克重纸张材料的封套、纸箱等包装物不仅可以减少资源使用，还可以平均减重15%~20%。截至2019年12月，京东物流已累计减少纸张使用超过91万吨，相当于减少砍伐了637万棵大树(每生产一吨纸要耗费7棵大树、100立方米的水)。

(2) 油墨是用于印刷的重要材料，它通过印刷或喷绘将图案、文字表现在承印物上。油墨中包括主要成分和辅助成分，它们均匀地混合并经反复轧制而成一种黏性胶状流体，由连接料(树脂)、颜料、填料、助剂和溶剂等组成，用于书刊、包装装潢、建筑装饰及电子线路板材等各种印刷。油墨中含有大量的铅、汞等重金属，主要来源于油墨中的颜料和助剂。印刷油墨中常使用一些芳香烃类溶剂，如甲苯、二甲苯等，它们会伴随油墨的干燥挥发到空气中从而污染空气，而且毒性很大，会致癌，对印刷工人的健康造成损害。油墨中还含有一种叫多氯联苯的有毒物质，如果用报纸包食物，这种物质便会渗到食物上，然后随食物进入人体。多氯联苯的化学性质相当稳定，进入人体后易被吸收，并积存起来，很难排出体外。如果人体内多氯联苯的储存量达到0.5~2g就会引起中毒，轻者眼皮发肿，手掌出汗，全身起红疙瘩；重者恶心呕吐，肝功能异常，全身肌肉酸痛，咳嗽不止，甚至可导致死亡。所以，千万不能用报纸、杂志、书页等印刷品来包装食物。顺丰、圆通尝试大幅减少表面印刷面积，使封套等包装物印刷油墨使用量降低23%。近些年，随着绿色环保理念的普及，掀起了油墨原材料制造工艺的改革，产生了很多新型油墨，如水性油墨、大豆型胶印油墨、UV油墨、FB油墨等。油墨是印刷业中最大的污染源，人们正在努力地减少其有机物的挥发和有害金属的应用。《中国邮政快递业绿色发展报告(2020)》指出，我国已经将快递封装用品印刷减量纳入标准要求，年约减少57万吨油墨的使用，减少了对环境的污染。

(3) 与世界主要国家相比，我国瓦楞纸箱行业虽然起步较晚，但发展十分迅速。早在2003年，我国便已成为全球第二大瓦楞纸箱生产国，仅次于美国。得益于中国经济过去数十年的快速发展，中国瓦楞纸箱行业目前已经发展成为全球范围内毫无争议的领头羊。中国包装联合会公布了《2021年纸和纸板容器制造行业运行概况》，显示全国瓦楞纸箱累计产量3 444.24万吨。瓦楞纸箱属于绿色环保产品，按原纸层数分类，可分为二层纸板、三层纸板、四层纸板、五层纸板、七层纸板等。国际瓦楞纸箱的箱型标准有两大类：一类是经国际瓦楞纸板协会批准，由欧洲瓦楞纸板制造工业联合会和瑞士纸板协会联合制定的国际纸箱箱型标准；另一类是日本、美国的国家标准。我国参考国际标准制定了国家标准《运输包装用单瓦楞纸箱和双瓦楞纸箱(GB/T 6543—2008)》，规定了运输包装用单瓦楞纸箱和双瓦楞纸箱的基本箱型。瓦楞纸箱层数越多，重量越重，包装体积越大，原材料使用量越大，成本越高投资采购，损耗也越大。瓦楞纸箱轻量化的目标是什么？美国三层瓦楞纸箱占总量的89.4%，五层瓦楞纸箱占总量的9.5%，七层瓦楞纸箱占总量的1.1%；而日本三层瓦楞纸箱占总量的84%，五层瓦楞纸箱占总量的16%。三层瓦楞纸箱的普遍应用体现了轻量化原则。我国以往却恰恰相反，五层瓦楞纸箱约占总量的70%，三层瓦楞纸箱占比非常少。其实，通过合理配料，三层瓦楞纸箱的抗压强度、耐破强度等完全可以和五层瓦楞纸箱媲美。截至2021年底，京东使用三层瓦楞纸箱的比例超过95%，确保每个纸箱的重量不超过400克，仅这一项每年就可减少使用20多万吨纸浆。

模块十三：诊断发票

1. 诊断任务

视角自动进入纸箱内部，如图3-25所示，单击纸箱内的纸质发票，显示AS公司近年来每年用于纸质发票的纸张有500吨，每年碳排放315吨，每年大约消耗3 500棵大树。对"基于绿色物流理念，是否可以优化"进行决策，决策后"纸质发票消失"。

2. 知识点

《中华人民共和国财务部 国家档案局令第79号——会计档案管理办法》(以下简称《办法》)规定，同时满足其第八条规定条件的，单位内部形成的属于归档范围的电子会计资料可仅以电子形式保存，形成电子会计档案。《办法》第九条规定：满足本办法第八条规定条件，单位从外部接收的电子会计资料附有符合《中华人民共和国电子签名法》规定的电子签名的，可仅以电子形式归档保存，形成电子会计档案。

电子发票的重要意义如下。

(1) 大幅提升效率。使用电子发票不仅可以实现快速入账，还可以实现快速查验真伪、流转审批、智能核算，整个过程不超过几分钟，而以往整套流程至少需要几天时间。

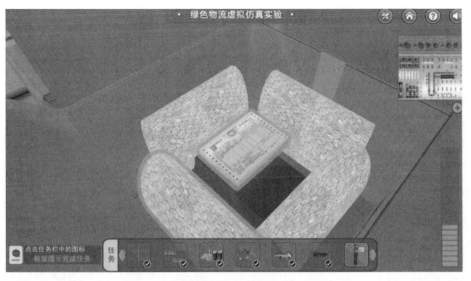

图 3-25　诊断发票的主要实验训练过程

(2) 节约成本。根据测算，每份纸质发票的使用与管理成本为 3～12 元，企业使用电子发票，可以大幅减少纸质发票所带来的纸张成本、管理成本、寄送成本和仓储成本。

(3) 方便易用。对于消费者而言，电子发票可以简易接收、永久保存，报销入账等流程可以通过云之家、微信等进行处理，方便了用户的日常工作和生活。

(4) 低碳环保。根据欧洲银行协会测算，每使用 100 万份发票需要砍伐 400 棵大树。根据我国 600 亿份发票计算，如果全面使用电子发票，就相当于挽救超过 2 000 万棵大树。

京东商城于 2013 年 6 月开出了中国电子商务领域首张电子发票。2018 年 8 月，京东上线了全国首个利用区块链技术实现增值税专用发票电子化的项目。2021 年，京东开具电子发票超 28 亿张，由此节约纸张相当于少砍伐 31 万多棵成年树木。唯品会 2021 年开具电子发票 9.5 亿张，相当于减少了 10.5 万棵成年树木被砍伐。

模块十四：诊断缓冲物

1. 诊断任务

视角停留在纸箱内部，单击纸箱内的传统气泡膜，判断是否符合绿色物流包装标准，并对可以替换的方案进行决策。最终，本案例中的气泡膜被替换为气泡卷。诊断缓冲物的主要实验训练过程和替换效果如图 3-26 所示。

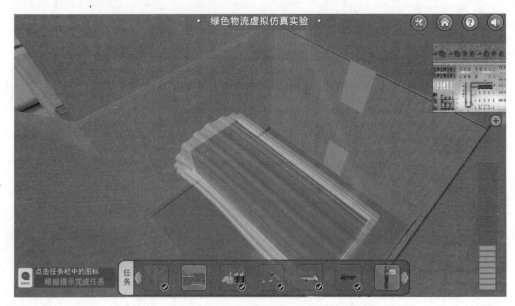

图 3-26　诊断缓冲物的主要实验训练过程和替换效果

2. 知识点

1) 缓冲包装材料

泡沫塑料缓冲材料主要有：EPS(发泡聚苯乙烯)，又称保丽龙，无法自然分解，体积大，不易回收，焚烧时产生黑烟和一氧化碳等，成本低；EPE(发泡聚乙烯)，又称珍珠棉，是一种半硬质、无毒、耐腐蚀、阻水、易回收、无毒环保型化合物，比EPS贵；EPP(发泡聚丙烯)，又称拿普龙，具有优异的抗震吸能性能，质量轻，是环保型(可回收利用、可自然降解)抗压缓冲隔热材料，性能优于EPE和EPS，但价格高；PU(发泡聚氨基甲酸酯)，又称聚氨酯、人造海绵，具有极好的缓冲性，耐多次冲击，阻尼振动性能良好，耐水、耐油、耐腐蚀，复原性好，回收容易；EVA(乙烯-醋酸乙烯共聚橡胶制品)、PEF(聚乙烯化学交联高发泡材料)，是新型环保材料，具有良好的缓冲隔震性能，回弹性与抗张力高；EPDM(三元乙丙烯人造橡胶)，又称多孔橡胶、多孔橡胶，能耐强酸、强碱、醇、氧化剂、洗涤剂、油、酮、酯和肼等化学药品的腐蚀，具有优异的耐水、过热和水蒸气的性能；CR(氯丁橡胶)，高档缓冲材料，防震、减震、耐候性、耐酸碱、阻燃性等性能较好。

(1) 气泡膜缓冲材料。气泡膜是由两块塑料薄膜中间夹入空气热合而成的一种塑料缓冲材料，又称气垫膜、气珠膜、气泡布、气泡纸、泡泡膜、气泡薄膜、气垫薄膜，具有耐腐蚀、耐霉变、化学稳定性好、不易破碎、无尘、防潮、不吸水、透明、柔软而不磨损内装物、缓冲性能良好等优点，适用具有复杂形状的轻型、易碎产品的缓冲包装。

(2) 气垫缓冲材料。气垫缓冲效果良好，材料成本较低，环保，操作简单。与气泡膜相比，气垫的使用量更多，产品寄递的减震性和抗冲击性也更高。其质地轻盈，不会增加包裹的重量。既控制了运输成本，又减少了包装负担。顺丰等企业采用气泡卷填充材料代替原有的气泡膜，大幅降低缓冲物使用量。缓冲气垫按照材质可以分为HDPE缓冲气垫、PA缓冲气垫和可生物降解缓冲气垫三种。

HDPE是一种由乙烯共聚生成的热塑性聚烯烃，俗称高密度聚乙烯。该材料具有体积小、质量轻、柔韧性强等优点。HDPE缓冲气垫能够承受60帕左右的压强，是市面上广泛应用的缓冲气垫包装材料。与PA缓冲气垫相比，其密闭性能一般。HDPE缓冲气垫表面存在细微的、肉眼看不到的毛细孔，在2周到1个月会逐步漏气。常见的HDPE缓冲气垫包装材料主要有枕头膜、连排膜、葫芦膜、袋型葫芦膜四种类型。

PA，聚酰胺，俗称尼龙，是一种性能优良的工程塑料。PA气垫表面的毛细孔更小、更少，因而密闭性比HDPE缓冲气垫更好，防透气性更高，通常可以维持6个月左右的保气时间。该材质的柔韧性强，能承受120帕左右的压强。与HDPE缓冲气垫相比，PA缓冲气垫更适合作为长时间仓储和物流运输的缓冲包装材料。常见PA缓冲气垫包装材料是气柱袋。

可生物降解缓冲气垫可以分为可分解型缓冲气垫和生物降解型缓冲气垫，其中可分解型缓冲气垫是指在一般的塑料粒中加入一些可促进其降解的助剂，使其能够在预定的时间内控制塑料的细化分解。可降解物质塑料小分子的本质还是塑料，所谓的降解只是把塑料大分子分解成了很小的微粒，并不能起到很好的环保作用。这种加降解助剂的塑料只能叫作分解材料，而不能称为真正意义上的环保生物降解材料。生物降解型缓冲气垫是指有机物质在自然条件的状态下，受到微生物的活动作用分解变成堆肥的过程。目前，可生物降解的缓冲包装材料有PLA牛皮纸气垫，它由外层的牛皮纸和内层的PLA聚乳酸薄膜制成。牛皮纸具有环保、高强度抗压和抗破裂的功能。PLA聚乳酸是由植物淀粉制成的可生物降解薄膜，具有锁气的功能。PLA牛皮纸气垫的耐冲击力没有传统的HDPE缓冲气垫、PA缓冲气垫强，且价格高、成本高，是传统HDPE缓冲气垫的3～4倍甚至更高。PLA聚乳酸在大气环境的作用下，六个月左右就会开始发生质的变化和脆化。PLA牛皮纸气垫的漏气率与HDPE材质类似，保气功能并不持久，因材质不能长时间储存，只适合有环保政策要求的短期快递运输。

(3) 纸制品缓冲材料。纸制品可回收，易成型，抗跌、抗压、防震，原料易收集，是一种比较好的绿色环保材料。纸制品缓冲材料包括瓦楞纸板、蜂窝纸板、纸浆模塑、纸浆发泡块和纸纤维成型材料等。

(4) 植物纤维缓冲材料。植物纤维缓冲材料是由植物纤维加淀粉添加剂而制成的新型环保产品,回收可做饲料、肥料,废弃物可自然降解,不会对环境造成损毁。更重要的是,其经过发泡后,具有良好的弹塑性,可以取代EPS等泡沫塑料制品,而不像纸浆模塑那样必须借助结构设计提高缓冲性能。通过水蒸气的作用形成颗粒型发泡纸浆的植物纤维缓冲包装材料比使用化学添加剂的缓冲材料更加环保。

(5) 竹子缓冲材料。戴尔公司有70%的笔记本电脑曾经采用竹子材料作为缓冲包装材料,供给中国、韩国、日本和部分泰国市场。使用竹子缓冲材料使商品体积减小了12%以上,节省了运费。

(6) 蘑菇缓冲材料。戴尔公司创造性地将棉花、水稻、小麦皮等农业废弃物放入衬垫模具,随后注入蘑菇菌种,经过5~10天的生长,蘑菇长成菌丝体,这些菌丝体相互勾连,具有非常好的缓冲性能。而蘑菇成长所需要的养料也全部由农业废弃物中的碳水化合物和糖提供,不消耗额外能量。最终产品的外观和性质很像泡沫塑料,但它是有机材料,可以生物降解和用于堆肥或覆盖,因而处置起来更方便、更环保,蘑菇缓冲材料的可贵之处就在于它是完全天然的环保材料,同时又具有非常好的缓冲性能,并且在作为缓冲材料使用之后,它依然是一种非常好的肥料,可以倒在花园,不影响环境。

2) 紧固包装材料

紧固包装是一种内部包装,主要由瓦楞纸及特殊的膜构成。紧固包装使用两层韧性极好且具有较强摩擦力的薄膜将各种形状的物品夹衬在纸箱内起到悬空或紧固定位的作用,这种包装方式可以使产品在运输过程中有效避免被外物碰撞,尤其适用于易碎产品。悬空薄膜紧固耐用,可以多次反复使用。该包装具有安全保护、易于储存、节省空间、紧固耐用、绿色环保、可重复使用等优点。截至2019年7月,顺丰"丰景计划"推广应用紧固包装,累计节省用纸约115吨,节省编织袋材料80吨,减少气泡膜使用量约500吨。

模块十五: 诊断物流面单

1. 诊断任务

物流经理巡查时看到3位员工手持传统纸质面单进行操作,单击了解传统纸质面单与电子面单的知识点,对"是否更换为电子面单"做出决策。最终,包装箱上的所有传统纸质面单被电子面单替换。纸质面单与电子面单的对比如图3-27所示,电子面单替换场景如图3-28所示。

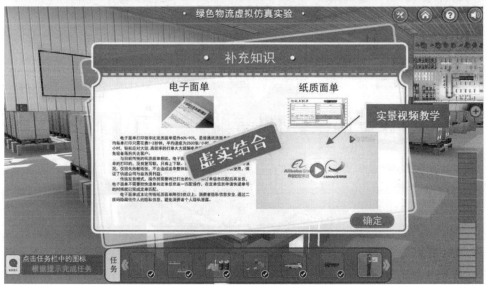

图 3-27　纸质面单与电子面单的对比

2. 知识点

电子面单打印效率比纸质面单高60%~90%，是纸质面单的4~6倍，平均每个电子面单的打印只需要花费1~2秒钟，平均速度为2500张/小时，最高速度可达到3600张/小时，可轻松应对大促。高效率的打单操作可以大大缓解电商等客户的大批量打单压力，避免因设备落后而失去客户。与传统的纸质面单相比，电子面单是通过热敏纸、热敏打印机进行面单打印，没有复写联，只有上下联。如果出现打印失误或热敏运单损坏等情况，则仅损失热敏纸张，不会造成运单整体损坏，该运单编号依然可以使用，保障了快递公司与业务员利益。传统发货模式下，操作员需要将已打出的快递

图 3-28　电子面单替换场景

单和订单信息匹配后再发货，电子面单不需要进行快递单和订单信息的逐一匹配操作，在订单申请快递单号的时候就已完成订单匹配。电子面单的成本为纸质面单的1/5。电子面单使得消费者隐私信息更安全，通过二维码隐藏收件人的隐私信息，避免消费者个人隐私泄露。

《中国邮政快递业绿色发展报告》指出，截至2020年，中国邮政快递业电子运单使用率达99%，共减少使用A4纸825.3亿张，可以少砍伐252.2万棵大树，节约3 603吨水。截至2021年底，中通快递的电子面单使用率达99.87%，其2020年面单共计碳排放40 288吨，比2019年减少25 671吨。

模块十六：诊断打包方式

1. 诊断任务

查看流水线附近的人工打包场景。单击打包人员，打开视频，讲解菜鸟推出的智能打包算法和京东物流宣布启用智能包装机。查看并对比上述视频，完成诊断和替换决策，场景替换为自动打包设备。"人工打包"更新为"自动打包"的训练过程与替换效果如图3-29所示。

图3-29 "人工打包"更新为"自动打包"的训练过程与替换效果

图 3-29 "人工打包"更新为"自动打包"的训练过程与替换效果（续）

2. 知识点

菜鸟推出智能打包算法，这是大数据和大规模优化技术在快递包装上的一项应用。消费者下单的时候，系统会对商品的各项数据进行综合计算，匹配最合适的包装箱，而整个计算过程1秒内即可完成。与传统的人工包装相比，可以更合理地利用储存空间，至少可节省5%以上的包装耗材。

京东物流启用了智能包装机。在京东的智能化仓库里，通过由磁悬浮打包机、气泡膜打包机、枕式打包机、对折膜打包机等18种智能设备组成的全链路智能包装系统实现了对气泡膜、对折膜、纸箱等各种包装材料的统筹规划和合理使用，可以极大地降低包装材料的损耗。京东的研发人员也将这套系统形象地命名为"精卫"，意在包装材料的节省需要点滴成海、聚沙成塔。

模块十七：诊断清洁能源自动化智能设备使用情况

1. 诊断任务

单击正在进行人工搬运的员工，对"可以采用哪些清洁能源自动化智能设备来代替或者减少人工"进行决策。首先详细查看如下所有设备信息：地狼搬运AGV系统、天狼搬运AGV系统、自动化立体仓库、自动化分拣设备、协作机器人、快递无人机、盘库无人机、配送无人车、穿梭车。清洁能源自动化智能设备的决策训练过程如图3-30所示。

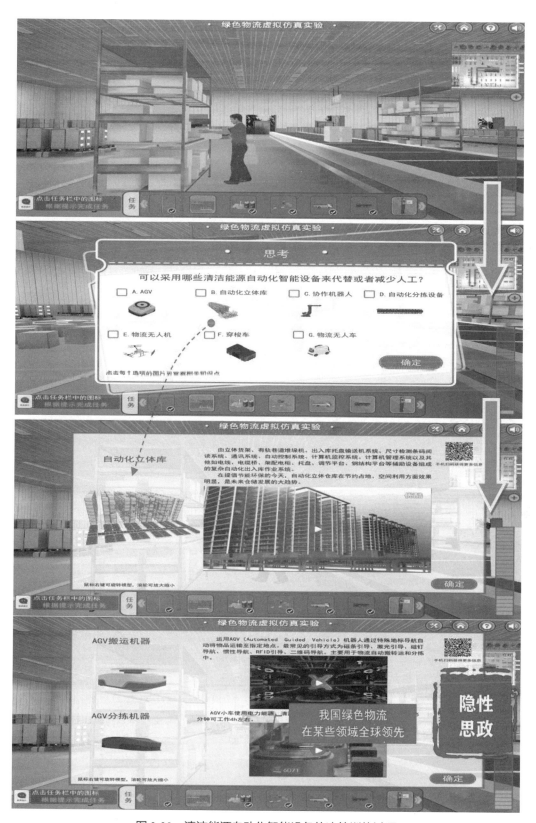

图 3-30　清洁能源自动化智能设备的决策训练过程

查看上述信息之后，物流经理对清洁能源自动化智能设备进行判断与分析，确定决策方案之后，物流中心的一些传统设备被替换为智能设备。部分地堆区被替换为自动化立体仓库(见图3-31)、地狼搬运AGV系统(见图3-32)、天狼翻板AGV系统(见图3-33)，部分重型货架区被替换为穿梭车货架系统(见图3-34)，场景内增加自动化分拣设备(见图3-35)、快递无人机(见图3-36)、盘库无人机(见图3-37)和配货无人车(见图3-38)等。

图3-31　部分地堆区被替换为自动化立体仓库

图3-32　部分地堆区被替换为地狼搬运AGV系统(使用清洁能源)

图 3-33　部分地堆区被替换为天狼翻板 AGV 系统（使用清洁能源）

图 3-34　部分重型货架区被替换为穿梭车货架系统（使用清洁能源）

图 3-35　场景内增加自动化分拣设备

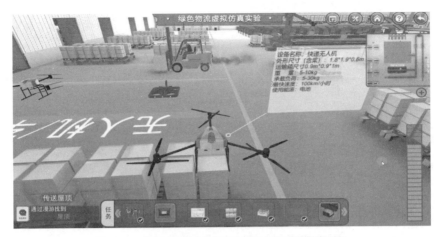

图 3-36　场景内增加快递无人机（使用清洁能源）

图 3-37　场景内增加盘库无人机（使用清洁能源）

图 3-38　场景内增加配货无人车（使用清洁能源）

2. 知识点

1) AGV机器人

AGV机器人通过特殊地标导航自动将物品运输至指定地点，最常见的引导方式为磁条引导、激光引导、磁钉导航、惯性导航、RFID引导、二维码导航。AGV分拣机器人主要用于单件货品的连续、自动分拣；AGV搬运机器人主要用于以货架为单位的货品搬运等场景。AGV机器人使用电力能源、清洁环保。图3-39和图3-40分别是典型AGV分拣机器人和AGV搬运机器人。

图3-39　AGV分拣机器人　　　　图3-40　AGV搬运机器人

在京东亚洲一号北京物流园，京东自主研发的地狼AGV系统机器人可以通过识别地面上的二维码自动规划路径，能够自动避障、自动回冲、自动排队，将传统的"人找货"改为"货到人"模式，拣货员只需要在工作台等待AGV运来货物。每小时能完成250个订单，比传统拣货方式的效率提高了3倍。京东亚洲一号北京物流园AGV区域面积12 000平方米，运营超过330辆AGV机器人，日均处理订单峰值超过80万单。

2) 自动化立体仓库

自动化立体仓库是由立体货架、有轨巷道堆垛机、出入库托盘输送机系统、尺寸检测条码阅读系统、通信系统、自动控制系统、计算机监控系统、计算机管理系统，以及电线电缆桥架配电柜、托盘、调节平台、钢结构平台等辅助设备组成的复杂自动化出入库作业系统。在提倡节能环保的今天，自动化立体仓库在节约占地、空间利用方面效果明显，是未来仓储发展的大趋势。图3-41所示是一个典型的自动化立体仓库。

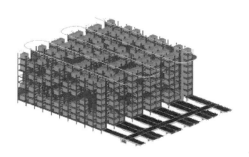

图3-41　自动化立体仓库

3) 协作机器人/机械臂

机器人和人类可以同时工作的区域被称为协作区域，协作机器人指被设计成可以在协作区域内与人直接进行交互的机器人。协作机器人具有轻量化、友好性强、感知能力强、编程方便和人机协作编程方便等特点，可不安装保护栏。协作机械臂在传统工业机械臂的基础上赋予了更多的人机协同功能，是高精度，多输入、多输出，高度非线性，强耦合的可直接与人进行交互的机器人。协作机器人/机械臂大幅提升了物流作业效率，减少了传统叉车等搬运设备的使用，清洁环保，减少了对环境的影响。协作机器人/机械臂的示例如图3-42所示。

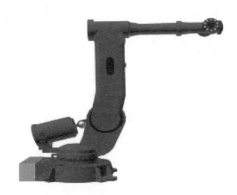

图 3-42　协作机器人 / 机械臂

4) 自动分拣设备

自动分拣设备是自动控制的分拣设备，由接受分拣指令的控制装置、把到达货物取出的搬送装置、分拣货物的装置和货物的暂存装置等组成。分拣作业时，只需要向控制装置输入分拣指令，其余全部由装置执行完成。自动分拣设备的示例如图3-43所示。

图 3-43　自动分拣设备

5) 快递无人机

快递无人机是利用无线电遥控设备和自备的程序控制装置操纵的将包裹自动送达目的地的无人驾驶低空飞行器。快递无人机可以解决偏远农村的配送问题，以及城市需求压力大的问题。我国的首个无人机快递服务国家标准已于2021年1月生效，其中列出了无人机快递的条件、程序和安全问题等要求。此外，商业用途(包括交付)的无人机必须在中国民航局注册并获批。快递无人机示例如图3-44所示。

图 3-44 快递无人机

京东和美团均开发了无人机配送技术与流程。京东于2015年开始无人机交付,并建立了包含干线、支线和终端的三级无人机物流配送与通航物流系统。干线无人机可以覆盖方圆300千米的区域,通过大吨位无人机将产品从一个仓库运送到另一个仓库;支线无人机可以在物流分中心之间快速运输较小批量的货物;终端无人机则可以前往偏远地区以解决"最后一公里"的交付问题。2020年12月,京东物流全自主研制的"京蜓"自转旋翼支线物流无人机首飞成功,这也是京东物流继2018年完成"京鸿"大型物流无人机首飞以来,自主研发的第二款原生支线物流无人机。"京蜓"无人机是国内首款可载重数百千克且具有舱内空投功能的无人机。"京蜓"采取自转旋翼的设计布局,最大起飞重量500千克、最大商载120千克,可完成半径450千米范围内的物资配送,具备优秀的短距起降能力,不依赖机场跑道。与解决配送"最后一公里",将货物快速配送到用户手上的京东物流终端小型无人机相比,"京蜓"自转旋翼支线物流无人机可以有效满足大批货物从仓储中心到分拣中心,或者从分拣中心到配送站的快速运输需求。美团则在2021年初开始无人机交付,并已通过试点计划惠及深圳8 000名客户。我国首架无人驾驶货机TP500在湖北荆门完成首飞,它可以装载500千克的货物飞行500千米,最大航程1 800千米,是一款通用型大载重无人运输平台,也是首个完全按照中国民航适航要求研制的大型无人运输机。在国外,亚马逊2022年宣布在罗克福德推出首个无人机配送服务。

6) 盘库无人机

盘库无人机是一款可以在物流仓库中完全自主飞行的无人机,主要用途是对库存货物进行自动化盘点管理。盘库无人机示例如图3-45所示。盘库无人机通常由电池动力驱动,清洁环保。盘库无人机相当于一个无人驾驶系统和库存管理系统的结合体,通过人工或者自主导航来完成库存盘点工作,其可以定位仓库位置及外部区域,并通过跟踪和识别条形码或RFID标签来读取货物信息。盘库无人机的优势如下:无论是淡季或旺季,都可以独立于地面障碍物灵活行动;可以在仓库内任何方向移动(无人机在户外受低空管制限制),准确到达一般地面作业设备难以触及的货架高处或深处。盘库无人机可以通过光学传感器动态感知仓库位置并记录储存物品信息。此外,盘库无人机还可以准确识别周围环境、躲避障碍物,智能规划最合理的飞行路线。盘库无人机可以持续监测仓库内的库存情况,并通过识别条形码或RFID标签上的信息来感知哪些货物处于生产需求阶段,哪些货物即将发生短缺需要补货。盘库无人机不需要人为控制,通过超声波传感器就能在飞行过程中自动规避货架等障碍物。德国物流研究院研发的InventAIRy飞行机器人就是一种具有上述特征的典型盘库机器人。

图 3-45 盘库无人机

7) 货架穿梭车

货架穿梭车是一种智能机器人,一种以往复或者回环方式在固定轨道上运行的台车,可以编程完成取货、运送、放置等任务,并可与上位机或仓库管理系统进行通信,结合RFID、条形码等识别技术实现自动化识别、存取等功能。货架穿梭车能将货物运送到指定地点或接驳设备,配备智能感应系统、自动减速系统,能自动记忆原点位置。货架穿梭车示例如图3-46所示。应用货架穿梭车的仓储物流设备主要有两种形式:穿梭车式出入库系统和穿梭车式仓储系统。穿梭车式仓储系统是为传统货架加装高精度导轨,可以让穿梭车在上面平稳运行,可实现先进先出(FIFO)、先进后出(FILO)等多种作业方式。原则上,一个巷道只能放置一种货物,如果采用两端存取、先进后出的方式,一个巷道可放置两种货物。总体来说,这种系统适合少品种、大批量商品。穿梭车式仓储系统还可应用子母车、多向穿梭车等多种类型的穿梭车。穿梭车式出入库系统是自动化立体仓库系统的组成部分,由轨道式台车来完成货物的出入库接驳,与堆垛机配合完成仓储作业,这种穿梭车也称为有轨制导车辆(rail guided vehicle, RGV),也叫有轨穿梭小车。

在京东亚洲一号北京物流园,自动化设备包含高19层的Shuttle立体库,在高度智能化的物流仓库中,由于减少了人工作业,很多智能设备可以实现"黑灯作业",大大降低了电能的消耗。根据测试,智能设备通过"黑灯作业"每分钟可以省电2283度,相当于一个普通家庭一年半的用电量。

图 3-46　货架穿梭车

8) 物流无人车

物流无人车是用于物流货物配送的无人驾驶车辆，典型示例如图3-47所示。可根据配送过程中实际的环境、路面、行人及交通环境进行调整。国内的众多物流企业已经开始采用物流无人车。小蛮驴是阿里达摩院研发的L4级自动驾驶产品，充4度电能跑100多千米，每天最多能送500个快递，雷暴闪电、高温雨雪，以及车库、隧道等极端环境均不影响其性能，自动驾驶率达到99.999 9%，应急反应速度达到人类的7倍，只用0.01秒就能判别100个以上行人和车辆的行动意图。2022年天猫"双11"，阿里达摩院联合菜鸟驿站为全国400多所高校配备了小蛮驴无人车，在"双11"前半程，小蛮驴配送包裹近200万件，承包了超过1/3的配送任务。截至2022年3月，小蛮驴已累计送达快递超过1 000万件。另外京东推出了5G无人机配送车，苏宁推出了5G卧龙一号，饿了吗推出了玉狮无人车和赤兔无人车，中国邮政推出了汉马无人车。2021年5月，北京市高级别自动驾驶示范区为物流无人车企业颁发了国内首批无人配送车车辆编码，首次给予物流无人车相应路权。

图 3-47　物流无人车

模块十八：诊断管理措施

1. 诊断任务

单击墙壁上的闪动空白方框，诊断"是否建议绿色物流管理制度与规范上墙"，并做出对应决策。最终，物流中心墙壁上出现宣传制度展示。绿色物流管理制度的实验训练效果如图3-48所示。

图 3-48　绿色物流管理制度的实验训练效果

2. 知识点

在绿色物流管理层面，企业需要重视制度建设，应设立专门负责绿色发展的相关机构，或者有效的跨部门协调机制，在物流活动的各个阶段明确考核指标、职责分工与奖惩机制。

企业还应打造绿色物流的企业文化。绿色物流企业文化是指在物流企业的文化建设中，以绿色文化作为物流企业营销的指导思想，以发展绿色生产为基础，以发展绿色营销为保障，以满足员工的绿色需求为动力，实现员工、物流企业、生态和社会的可持续发展。物流企业要树立绿色物流的理念并使其成为企业文化的重要内容。物流企业不仅要对各硬件设备进行改造、升级，最大限度地降低物流的能耗及货损，增强环保能力，更要从根本上不断提升绿色物流从业人员的整体素质，让他们学习到更多、更专业的绿色物流知识。此外，要重视消费者的绿色物流观念，大力宣传企业的绿色物流文化。

在绿色物流信息统计及报送制度上，物流企业应根据主管部门对绿色物流的要求，提升信息化技术对物流活动可记录、可追踪、可溯源的能力，建立绿色物流信息管理平台，或在现有统计制度中纳入绿色物流统计指标，定期更新企业绿色物流相关数据和文件。顺丰快递推出了"零碳未来"计划，建立绿色、低碳、环保的快递物流运输体系，构建了标准的碳管理体系，并上线了数智碳管理平台——丰和可持续发展平台。目前，该平台已获第三方权威机构SGS认证。

一体化供应链管理是实现物流企业绿色、低碳的重要手段。在新一轮科技革命和产业变革下，消费端、渠道端和生产端的多重市场变化驱动一体化供应链物流服务需求快速增长。一体化供应链物流服务既可以在数字世界提供基于数据与算法的供应链战略—规划—计划—执行的全面解决方案，又可以在物理世界提供从解决方案到落地运营的一体化支撑，真正帮助客户实现现货率提升、库存周转变快、履约效率提高、运作成本下降等目标，实现高质量增长。京东物流宣布，将继续投入10亿元用于加码绿色、低碳的一体化供应链建设，未来5年，实现自身碳效率提升35%。同时，京东物流也发起倡议，携手上下游合作伙伴共同采取三大举措，合力推进全环节循环包装使用、全国重点城市清洁能源汽车上路、全链条生产运营管理数字化。京东物流将始终坚持将减碳目标融入企业发展与转型的战略规划，作为企业重点关注议题深入跟进，确保到2030年实现碳排放总量比2019年减少50%。

模块十九：诊断托盘化集装情况

1. 诊断任务

场景中，一些物品直接放置在地面上，没有实现托盘化集装。单击货物，对"是否建议使用托盘化集装"进行决策，决策后更换为托盘化集装。零散货物托盘化集装的主要训练过程和替换效果如图3-49所示。

图 3-49 零散货物托盘化集装的主要训练过程和替换效果

2. 知识点

托盘化集装是以托盘作为货物单元的一种集装化形式。托盘是一种用于承载货物的，适合机械化装卸、搬运和堆存货物的简便集装工具。托盘化集装的好处如下：①有利于降低产品运输、装卸的劳动强度，减少重复操作，提高运输和装卸的效率。②缩短装卸时间、加速车船周转、提高物流效率。③保证产品的储运安全。集装后的产品被密封在箱内，集合包装起到加固外包装的作用。④节省包装费用、降低物流成本。⑤促进产品包装的标准化、规格化、系列化。

托盘主要有以下几种。

(1) 金属托盘。金属托盘的一般质地为不锈钢，多用于摆放较重的、不经常移动的物品，适用于出口产品的空运及远洋运输等，环保，可回收再利用。

(2) 木质托盘。木质托盘用木质或竹质材料制成，一般用于盛装工艺品或做装饰使用，需要大量砍伐树木。

(3) 纸质托盘。纸质托盘通常指蜂窝纸板托盘，具有优异的缓冲性能，具有较高的单位体积能量吸收值，可替代目前大量使用的EPS塑料泡沫缓冲垫，属于可完全再生的环保托盘。有的纸质托盘动载可达1 000千克，静态荷重达3 500千克，可以代替承载一次性出口商品的木托盘。

(4) 塑料托盘。塑料托盘质地较轻，使用方便，具有防滑功能。用塑料托盘代替木质托盘已成为欧美等国家和地区的首选绿色包装方式。塑料托盘可以回收利用，减少了因此产生的垃圾，避免了每年成千上万亩森林的损失。

(5) 塑木托盘。塑木又称环保木，是用PP、PE、PVC等树脂或回收的废旧塑料与锯木、秸秆、稻壳、玉米秆等废弃物，采用科学的工艺、技术，通过专用设备进行配混造粒或直接挤出成型制成各种型材，用途广泛，节能、减污染。

(6) 生物降解托盘。生物降解托盘采用可生物降解技术，实现传统托盘的可降解化，例如纸基可降解托盘。

模块二十：诊断逆向物流

1. 诊断任务

来到逆向物流区，单击码放着的托盘，对"基于绿色物流理念，逆向物流区还会存放哪些周转器具"进行决策，选择完毕，场景中增加绿色可回收包装器具，包括中通回收纸箱、苏宁共享快递盒、京东漂流箱等。逆向物流区的诊断与决策过程如图3-50所示，场景替换效果如图3-51所示。

2. 知识点

1) 可回收纸箱

可回收纸箱耐破度高、承受力强，有一定的防水性，适宜回收和重复利用。菜鸟、京东物流、顺丰快递都设有相关快递箱回收和重复利用的活动试点。菜鸟自2017年起联合快递公司启动"回箱计划"，在菜鸟驿站和全国快递网点铺设绿色回收箱，推动快递纸箱的分类回收、循环再利用，每年预计可以循环再利用上亿个快递纸箱，减少的碳排放相当于种下74万棵梭梭树。图3-52是一个可回收纸箱的典型示例。

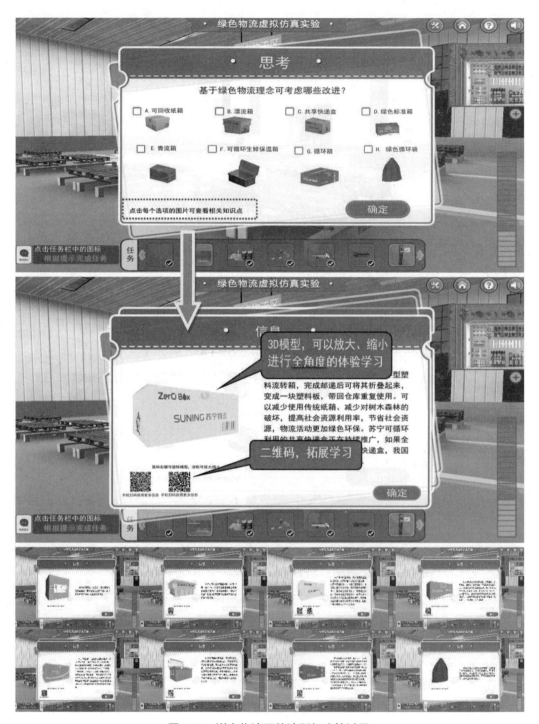

图 3-50 逆向物流区的诊断与决策过程

图 3-51 逆向物流区的场景替换效果

图 3-52 可回收纸箱

2) 苏宁漂流箱

苏宁漂流箱是苏宁物流推出的一种可循环使用的塑料箱,如图3-53所示,长约0.3米,宽0.2米,可代替普通纸箱装载消费者购买的产品,由快递员进行"最后一公里"投递,用户可以在苏宁自提点、社区代收点自提,取出商品后将漂流箱放回自提点回收。此外,用户还可以选择送货上门,当面拆箱验货签收后,将漂流箱交由快递员带回循环使用。

图 3-53　苏宁漂流箱

3) 共享快递盒

共享快递盒即循环型塑料流转箱,完成邮递后可将其折叠起来,变成一块塑料板,带回仓库重复使用。共享快递盒的使用可以减少传统纸箱的使用,减少对森林的破坏,提高社会资源利用率,节省社会资源,使物流活动更加绿色、环保。截至2021年11月,苏宁已投放可循环利用的共享快递盒(见图3-54)近40万个,单个循环可达50次以上,累计循环超1.5亿次。据官方数据,这种共享快递盒单个制作成本是25元,平均每周可循环6次,预计单个快递盒使用寿命达1 000次以上,单次使用成本0.025元。

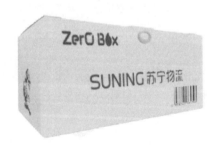

图 3-54　苏宁共享快递盒

4) 绿色标准箱

中国邮政集团围绕包装减量、胶带瘦身、循环回收、品牌推广四大计划,推广绿色标准箱(见图3-55),将大部分五层双瓦楞纸箱调整为三层单瓦楞纸箱,平均减重20%左右,推广使用45mm窄胶带,在营投、运输等环节进行包装回收、容器循环和可降解包装袋试点应用工作。绿色标准箱又名轻装箱、易封箱和环邮箱,是可循环使用的包装箱。

图 3-55　绿色标准箱

5) 青流箱

京东青流箱，如图3-56所示，由热塑性树脂材料制作，采用中空板结构，可在5秒钟内成型打包。青流箱不仅抗打击、耐高低温和湿度性能强，而且比传统纸箱更轻、更坚固、更能保护箱内物品，连包装采用的一次性封签也是由可降解材料制成，真正做到绿色、环保。青流箱可重复利用，正常情况下可以循环使用20次以上，就算破损也能"回炉重造"，真正做到不产生任何一次性包装垃圾。截至2019年底，京东物流的可循环快递箱青流箱已在全国近30个城市投放超过1 200万次，已累计减少一次性快递垃圾27 000吨，2021年一年就使用超500万次。

图 3-56　京东青流箱

6) 可循环生鲜保温箱

可循环生鲜保温箱是京东自主研发的满足美国FDA标准的第五代VIP材质的智能保温箱，如图3-57所示，保温时长、储存占用空间等方面优于行业平均水平。该款保温箱可以循环使用，具有共享、环保功能，使用寿命是行业同类产品的2~3倍，大大降低了包装的损耗。智能保温箱集保温、定位、实时温度监测于一体，利用物联网技术、信息技术及人工智能技术，实现了冷链信息与实物的无缝对接，不仅能长时间蓄温保冷，还能够通过京东云实时监测生鲜冷链包裹的地理信息、包裹内生鲜商品的温度及其他品控相关信息，为生鲜商品提供全方位、高品质的物流保障。智能保温箱主要应用于酸奶、热带果蔬、海鲜、冻肉等对温控要求较高的冷冻、冷藏食品。消费者在京东选购这些生鲜商品时，可以在商品详情页面查看其实时温度，下单之后，即可通过PC端或者京东App查看商品配送过程中的温度实时变化情况，确保了食品安全，让消费者全程看得明白、吃得放心。自2015年京东可循环生鲜保温箱投入使用以来，这种低碳、环保的运输模式已经持续应用了8年。仅2021年，共计使用可循环生鲜保温箱6 000余万次，可减少消耗一次性泡沫箱6 000万个，减少使用一次性冰袋约6万吨，减少使用干冰约3万吨。

图3-57　京东可循环生鲜保温箱

7) 循环快递箱

菜鸟循环快递箱(见图3-58)为塑料材质，是一种无胶带、可多次利用的环保快递箱。与传统快递箱相比，循环快递箱的成本下降近三成，大幅度降低物流成本。另外，一个循环快递箱的使用寿命大概是两个月。一年内大约可节省原来80%的纸质快递箱用量。在菜鸟服务的上海嘉定猫仓，2021年"双11"期间，单仓每日循环箱使用量已超过5万个，可以替代过去每天超过20万个的纸箱和塑料包材。

图3-58　菜鸟循环快递箱

8) 丰多宝循环包装箱

顺丰自2018年起自主研发并推出碳中和产品丰多宝循环包装箱，并于2021年进行了二次升级。升级后的循环箱采用了更易回收的单一材料PP蜂窝板材，并使用自锁底折叠结构和全箱体魔术粘贴模式，免去使用胶带纸、拉链等易耗材料。丰多宝于2021年7月1日起在各试点投放运营，截至2021年12月底已投放丰多宝72万个，实现280万次的循环使用。

9) 绿色循环袋

绿色循环袋(见图3-59)采用无纺布或牛津布袋作为包装袋主体，具有防水属性，可进行循环使用，不但解决了快递包装带来的环境问题和资源浪费问题，而且较为轻便，占用空间较小。

图 3-59　绿色循环袋

模块二十一：诊断建筑能源管理

1. 诊断任务

单击界面下方任务栏中的屋顶图片，单击左下角的"传送屋顶"按钮，视角将自动上移到屋顶。单击屋顶彩钢板，显示信息"常规彩钢屋顶，无特殊功能"。单击"确定"后回答"考虑节能环保，物流企业可以对屋顶采取哪些举措"，根据知识点选择答案后，屋顶替换为复合彩钢板和分布式光伏发电系统。图3-60和图3-61所示为传统屋顶和仿真替换后的环保屋顶。

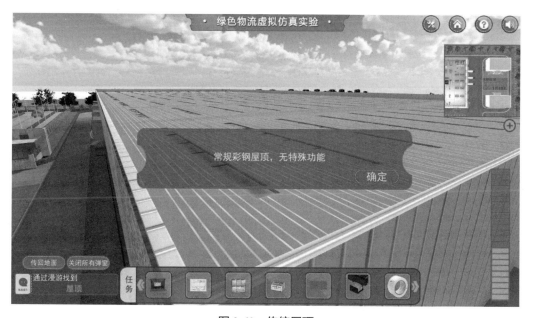

图 3-60　传统屋顶

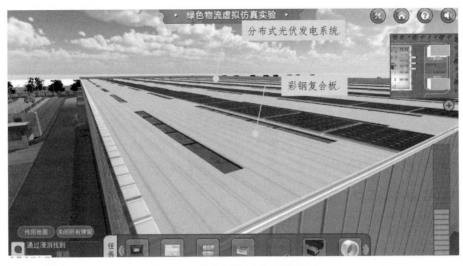

图 3-61　仿真替换后的环保屋顶

2. 知识点

(1) 分布式光伏发电系统，指在用户场地附近建设，运行方式以用户侧自发自用、多余电量上网，且在配电系统平衡调节为特征的光伏发电设施。分布式光伏发电遵循因地制宜、清洁高效、分散布局、就近利用的原则，充分利用当地太阳能资源，替代和减少化石能源消费，如图3-62所示。京东宣布，到2030年，京东将联合合作伙伴搭建全球最大的屋顶光伏发电产能生态体系。截至2021年底，京东已经完成第一批12座智能产业园的光伏发电系统的安装。唯品会的物流园区持续建设光伏电站，2021年发电量达59 939兆瓦时。

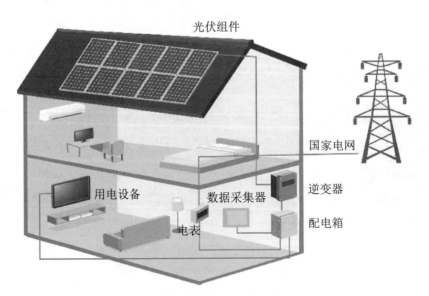

图 3-62　分布式光伏发电系统

(2) 采光板，主要由PP、PC PET、APET或PVC材料制成，可利用较小的窗户开口将室外及窗口附近的太阳光通过反射引入室内较深的地方，节省照明能源。通常条件下，直射辐射强度是散射辐射强度的4~7倍，采光板主要利用直射光线。室外直射辐射通过较小的上部窗户开口被采光板反射到室内顶棚，经过顶棚的散射、反射，均匀地照亮离窗口较远处。在窗口面积不变的情况下，离窗口较远的地方得到了充分的照明，提高了室内采光的均匀度，提高了视觉舒适度；上部开口的面积较小，虽然有反射辐射进入，但不会严重地增大室内空调的负荷；室外的采光板在一定程度上起到了外遮阳的作用，有利于提高窗户附近的热舒适性，减小了空调负荷及直射眩光。

(3) 彩钢复合板，是将彩色涂层钢板或其他面板及底板与保温芯材通过黏结剂(或发泡)复合而成的保温复合维护板材，起到节能作用，优点如下：重量轻，每平方米10~14千克，相当于砖墙的1/30；隔热、保温、吸引及密封性能好；施工方便，安装灵活、快捷；色泽鲜艳，外形美观，无须再进行表面装饰；强度高，可作为维护结构、承重结构，抗弯抗压能力强。

能源管理是绿色物流管理的重要领域。能源管理是对能源的使用、分配、转换和消耗的全过程进行科学的计划、组织、检查、控制与监督工作的总称，内容包括制定正确的节能政策，不断完善能源规划、能源控制系统，实施能源消耗目标管理，加强能源设备管理，提高能源利用率等。物流企业推广能源管理，尤其是积极采用可视化的智慧能源管理，可以全面分析能源消耗情况，制订节能降耗计划，减少碳排放，是不可缺少的重要的节能降耗措施。2021年，部分投入使用的京东总部2号楼获得绿色建筑三星级设计标识认证。此外，借助液冷等技术，京东云新一代绿色数据中心已实现全年运行年均电源使用效率低于1.1，基础设施能耗节省30%，碳排放总量减少10%。除屋顶的分布式光伏发电系统，各个智能物流园区还计划通过风光多能互补、发电充电一体化、电储能、水蓄冷，雨水收集等措施降低能源消耗。为了在日常工作中有效减少员工与集团的碳足迹，安能物流积极探索可再生能源的利用，公司位于衢州市常山县的众卡物流产业园已率先安装了6 000平方米的屋顶分布式光伏发电系统，为自身及园内租赁企业提供可再生能源电力，报告期内，产业园屋顶分布式光伏项目发电量已达到32 000千瓦时，有效地实现了节能减排。

案例1：普洛斯的零碳园区实践

2022年11月24日，普洛斯联合上海市节能减排中心等多家权威单位发布《2022年零碳园区实践白皮书》，聚焦绿色投资、数智运营、融合共生、"碳"循未来等维度,充分探索零碳园区实践的必要及充分条件,致力于携手上下游客户、合作伙伴共建零碳园区生态。凝聚行业共识,白皮书从"园区零碳可持续发展洞察""零碳园区概念与内涵""零碳园区实践解决方案"及"零碳园区发展展望"四个角度对零碳园区进行充分阐述,创新性地提出八大关键举措、三大实践要素,以及迭代路径等概念,并基于四类细分场景的零碳实践经验,总结出兼顾可操作性及可复制性的园区全生命周期零碳实践方案。

1. 普洛斯宝山物流园的零碳实践

普洛斯宝山物流园总建筑面积为24.3万平方米,获得美国绿色建筑评估标准体系铂金级认证,是国内获此认证中体量最大的综合物流园。

(1) 双碳平台:通过自开发的海纳碳管理平台,实时跟踪、分析园区运营碳排放,实现全面碳管理。

(2) 能源替代:配置屋顶分布式光伏发电系统、储能和充电设施。园区屋顶光伏发电系统每年产生约2 750兆瓦时绿电,可减少2 176吨碳排放。

(3) 建筑节能:安装智慧路灯系统,实现最优的照明状态和节能效果,利用屋顶天窗进行自然采光照明,并采用LED照明设施,比传统白炽灯能耗降低50%~60%。

(4) 交通脱碳:新能源充电桩全年可减少36.9吨碳排放,满足26万千米绿色交通旅程;智慧预约入园、自动导引到月台,减少车辆及仓库运营环节的碳排放;向租户推广使用新能源商用车,配备新能源车辆充电站,应用智能路灯,减少园区车辆运输环节碳排放。

(5) 降碳机制:营造花园式物流园区环境,绿植覆盖面积达3.1万平方米,全年吸收约45吨碳。

(6) 人文体验:倡导员工采用绿色通勤的方式,并配备电动车充电装置、非机动车专用停放区域等,已获得超85%员工响应。

2. 普洛斯常熟东南数据中心的零碳实践

普洛斯常熟东南数据中心位于常熟高新区,建筑总面积逾15万平方米,项目全部交付完成后,IT负载预计达到120兆瓦,可以为超过30万台服务器提供设施和增值服务。

(1) 双碳平台:基于自研的数据中心基础设施管理系统,对数据中心各子系统进行实时监控,进行全方位的智能管理,以提升数据中心运营效率,降低碳排放,不断提升能源利用效率。

(2) 能源替代:配备屋顶分布式光伏发电系统,同时减少太阳直射屋顶的面积,降低库内温度,减少电能损耗。

(3) 建筑节能：采用多系统预制化系统技术，对冷站、管路和热通道进行模块拆分、工厂预制及现场拼装建设。缩短数据中心建设周期，减少施工阶段产生的建筑能耗。

(4) 工业节能：选用高性能、高能效服务器，以及80PLUS认证铂金级服务器电源，同时结合冷板式液冷技术，综合节能效果达到30%~40%；选择高效高压冷水机组和低功率冷却塔，同时采用间接蒸发冷却、高水温风墙等技术，不断提高制冷效率；在供配电环节，采用高压直流技术，系统节能达20%。

3.普洛斯西安环普国际科技园的零碳实践

普洛斯西安环普国际科技园位于西安高新区丝路软件城板块核心区域，分一期、二期、三期进行开发，总建筑面积为46万平方米。园区集聚产业链上下游，以物理空间、政府支持、资本市场为服务对接口，配合独特的Campus理念和丰富的园区配套，为高知创新人才构建集工作、生活、娱乐、社交于一体的科技研发及商务办公社区，持续为西北地区高科技发展提供动能。

(1) 双碳平台：配置碳平台和ESG大屏。

(2) 能源替代：搭建太阳能屋顶光伏发电站，规划建设了储能电站，其中光伏发电站装机容量0.82兆瓦，可供公区总用电量的10.5%。

(3) 资源循环：搭建中水管网，引入中水用于卫生间、公共区地面清洗及绿植浇灌。

第三节　大气污染与温室气体排放测算训练

模块二十二：诊断叉车类型

作业区出现多台冒着黑色尾气的叉车，单击叉车，可见到该型叉车的3D模型及其能源、能耗、每年行驶里程等信息，如图3-63所示。诊断该叉车是否符合绿色物流标准，并对"基于绿色物流理念，可以考虑更换成哪些类型"进行决策，在进行图3-64所示决策后，替换为纯电动叉车。

图 3-63　传统叉车

图 3-64　清洁叉车的替换决策

模块二十三：测算与分析物流温室气体排放和物流大气污染

1. 诊断任务

在模块二十二中，如果决定采用符合绿色物流理念的某一款或多款叉车替换现有设备，则企业还需要进一步考虑采购成本、设备折旧费用、碳税、社会责任等。若经过综合评估，AS公司决定将现有的一台轻型柴油叉车更换为纯电动X型叉车，则需要完成数据测算以对比、分析两种车型的温室气体排放量和大气污染物排放量。温室气体排放和大气污染物排放的测算与决策训练、现有叉车与纯电动X型叉车的替换训练，以及替换后的清洁能源叉车场景分别如图3-65～图3-68所示。

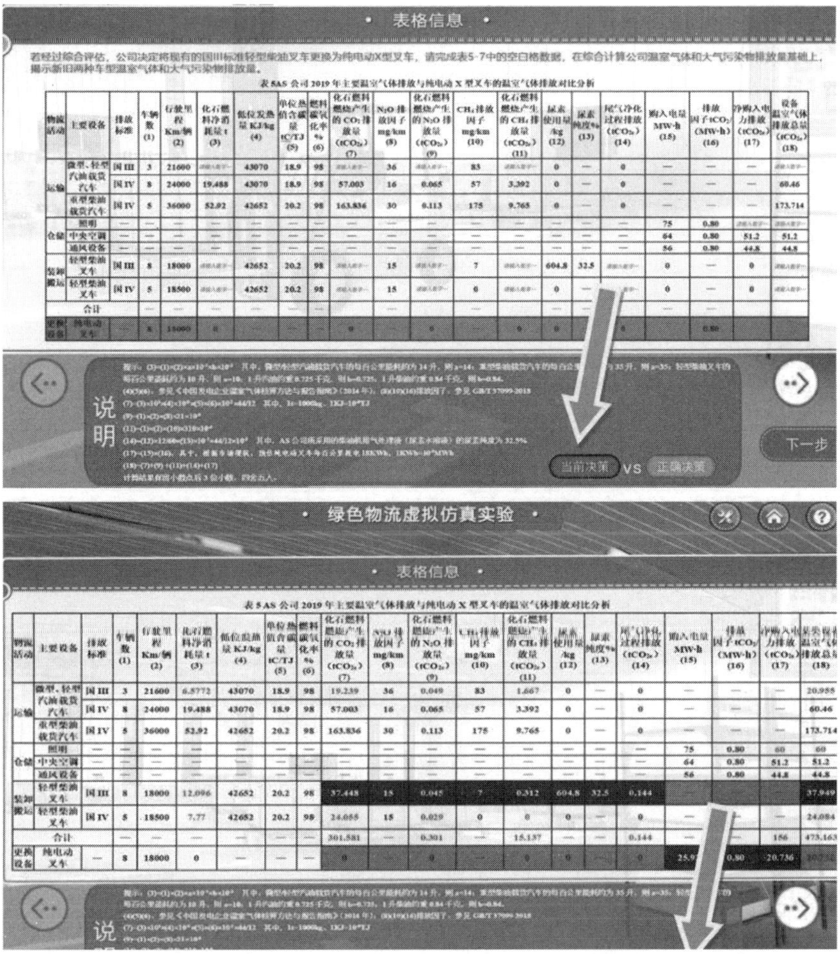

图 3-65　温室气体排放的测算与决策训练

图 3-66　大气污染物排放的测算与决策训练

图 3-67　现有叉车与纯电动 X 型叉车的替换训练

图 3-68　替换后的清洁能源叉车

2. 知识点

1) 太阳能型叉车

太阳能型叉车是指在叉车上安装可以吸收太阳能设备的叉车。例如，在车顶、后窗口和后扰流板等位置安装太阳能电池板。TOYOTA 7FGCU15 FORKLIFT 叉车包括为电池充电的太阳能模块、带充电控制器和额外的丙烷箱等模块。

2) 燃料电池型叉车/氢能源动力型叉车

燃料电池型叉车是一种用车载燃料电池装置产生的电力作为动力的叉车。车载燃料电池装置所使用的燃料为高纯度氢气或含氢燃料经重整所得到的高含氢重整气。与通常的电动叉车相比，其动力方面的不同在于其电力来自车载燃料电池装置，电动叉车所用的电力来自由电网充电的蓄电池。氢能源动力型叉车是通过氢与空气中的氧的化学反应产生电力的叉车。氢能源动力型叉车在作业效率、节能环保、获能时间、冷库作业适应性等方面具有明显优势，加氢1～5分钟，连续工作可达到8～10小时，输出功率恒定，适合长期作业，且能适应-50℃～-30℃的工作环境，排放只有纯水，实现了二氧化碳零排放，具备无污染特性，真正意义上实现了零碳排放。氢能源动力型叉车运行时更安静，噪声只有约55dB，相当于人们正常交谈的分贝，适用于对噪声有限制的作业场所。

在国外，沃尔玛、宝洁和可口可乐等大零售商都应用了氢能源动力型叉车，供应商主要是美国的PlugPower、Nuvera Fuel Cells和Oorja Protonics，加拿大的Hydrogenics，还有丹麦的H2 Logic。丰田工业公司与丰田汽车公司合作开发了业界第一辆燃料电池型叉车原型丰田FCHV-F，这款叉车使用氢气作为主要动力来源，不燃烧发电，二氧化碳排放量为零。丰田182-TRUCK氢燃料电池叉车充满氢大约需要3分钟，可以支持其工作约8小时，标称提升能力为2 500kg。与传统的汽油叉车相比，氢燃料电池叉车的总碳排放量降低了94%；与电动叉车相比也降低了86%。

在我国，安徽合力股份有限公司完成了2～10吨氢燃料电池叉车研发工作，其中的3-3.5T氢燃料电池平衡重式叉车，额定功率16kW，峰值功率可达22kW，能满足工业车辆实际工况的需求。2022年，新氢动力最新发布的氢能+5G无人3T级叉车、氢能+5G无人5T无人输送车、固态金属储氢燃料电池叉车三款新品，助力国内氢能绿色搬运设备体系的发展。其中，固态金属储氢燃料电池叉车是全球首款固态金属储氢技术与工业叉车相结合的实质性应用产品，代表国际氢能工业车辆应用领域最为领先的技术。国家发展和改革委员会2022年3月发布的《氢能产业发展中长期规划》将氢能作为未来我国能源体系的重要组成部分，还指出到2025年氢燃料电池车辆保有量要达到5万辆，可再生能源制氢量要达到10万～20万吨。国家《氢能产业发展中长期规划(2021—2035)》明确指出，要加快氢能技术研发和示范应用，探索在工业、交通运输、建筑等领域规模化应用。

3) 纯电动叉车

纯电动叉车是指以电来驱动作业的叉车，以蓄电池为源动力，驱动行驶电机和油压系统电机，从而完成行驶与装卸作业。纯电动叉车包括四向电动叉车、电动托盘式堆垛车、手推电升堆垛车、电动牵引车、三支点电动叉车、四支点平衡重叉车、前移式电动叉车、三支点迷你叉车、弹药平衡重叉车、冷库专用电动叉车、电动防爆叉车、步行平衡重叉车、电动油桶堆高车、三支点插腿堆垛车、工位吊车、四支点插腿堆垛车、四支点宽腿堆垛车、叉筐拣选车、四支点双层堆垛车、电动牵引车、拣选车等。与内燃机型叉车相比，纯电动叉车具有无直接污染、易操作、节能高效等优点。

4) 混合动力型叉车

混合动力型叉车是利用发动机的最佳转速(最佳节油点)把机械能通过发电机转化为电能，再利用电动机驱动的叉车。数据显示，混合动力型叉车能使油耗降低30%以上，二氧化碳排放减少30%以上，节能、环保。

5) 内燃机型叉车

内燃机型叉车是指使用柴油、汽油或者液化石油气为燃料，由发动机提供动力的叉车。该类叉车排出有害废气，包括一氧化碳、碳氢化合物、氮氧化物、固体颗粒物等，对环境造成了一定污染，是非环保产品。据测算，柴油叉车年度颗粒物排放是轿车的114倍。据行业统计，目前我国柴油叉车保有量远超200万台，据此推算，则仅叉车的颗粒物排放量就相当于2亿多辆轿车。

第四节　运输路径优化与碳排放测算训练

模块二十四：运输路径优化训练

1. 诊断任务

通过穿梭门走出仓库，在出库区可以看到3辆冒着黑烟的运货车正在装货。单击司机，司机说将把一批货物分别送达A、B、C、D、E等5个客户，但是未经路线优化，希望物流经理可以优化运输路线，进而减少运输成本，减少大气污染和碳排放。场景提示：要求优化运输路径。在地图路径中，显示A客户至B客户的潜在多条路线。结合多个客户的运量需要和物流中心的车辆容量特征，要求通过节约里程法求得最短路径。拖动左侧的路线彩条到右侧的路线上进行路线选取，单击学习资料按钮可查看相关案例进行学习。路径优化的决策训练过程如图3-69所示。

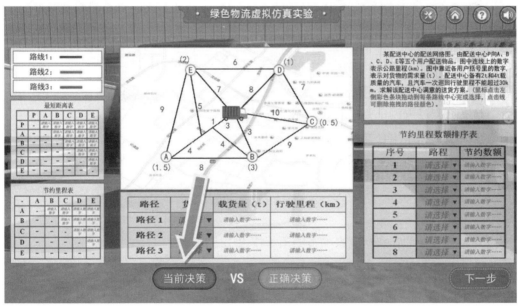

图 3-69 路径优化的决策训练过程

2. 知识点

节约里程法是解决运输车辆数目不确定问题的最有名的启发式算法，又称节约算法或节约法。可以理解为，由一个配送中心向几个不同方向的收货点发货时，选择最短的里程，即尽量节省运输费用。优化思路如下：如果优先选出节约里程最多的点并将其连在一起，组成回路，且满足回路中各点需求量的总和不大于一辆车的载重量，则可构造一条配送回路，再在剩下的网点中同样构造新的配送回路，最后所有点都被选进配送计划。其原理是由一个点向两个点送货，如果能够实行配送，则与传统单独往返配送(图3-70的左图)相比，连续配送(图3-70的右图)的运费的节约量如下：

$$\Delta C_{12}=C-C'=(2C_{01}+2C_{02})-(C_{01}+C_{02}+C_{12})=C_{01}+C_{02}-C_{12}$$

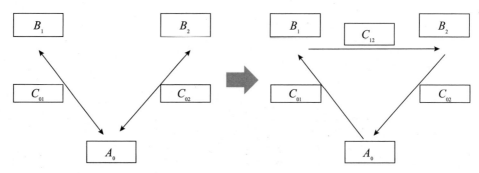

图 3-70　节约里程法原理示意图

利用节约里程法确定配送路线，即根据配送中心的运输能力、配送中心到各个用户，以及各个用户之间的距离来制定使总的车辆运输的吨千米数最小的配送方案。另外，还需要满足以下条件：①满足所有用户的要求；②不使任何一辆车超载；③每辆车每天的总运行时间或行驶里程不超过规定的上限；④满足用户到货时间要求。

利用节约里程法确定配送路线的步骤如下。

(1) 各客户与物流中心相连。

(2) 计算每两个用户间的节约里程。

(3) 将各对用户间的节约里程排序。

(4) 从最大节约里程的用户对开始连接，逐渐形成回路，直到全部用户都连接起来。

(5) 将已连接的客户从剩余的节约里程排序中去掉。

(6) 再从剩下的节约里程集合中继续以上过程，直到全部用户相连。

【例题】某配送中心的配送网络如图3-71所示。由配送中心P向A、B、C、D、E等5个用户配送物品。图中连线上的数字表示公路里程(单位为km)，各用户旁边括号里的数字，表示对货物的需求量(单位为t)。配送中心备有2t和4t载重量的汽车，且汽车一次巡回行驶里程不能超过40km。求该配送中心的送货方案。

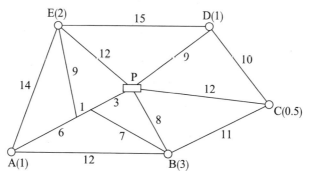

图 3-71 配送中心的配送网络

解题过程如下。

首先计算最短距离,如表3-1所示。

表 3-1 最短距离表

单位:km

	P	A	B	C	D	E
P	—	10	8	12	9	12
A	—	—	12	22	19	14
B	—	—	—	11	17	17
C	—	—	—	—	10	24
D	—	—	—	—	—	15
E	—	—	—	—	—	—

根据最短距离表可得节约里程表,如表3-2所示。

表 3-2 节约里程表

单位:km

	A	B	C	D	E
A	—	6	0	0	8
B	—	—	9	0	3
C	—	—	—	11	0
D	—	—	—	—	6
E	—	—	—	—	—

根据节约里程表可得节约里程数排序表,如表3-3所示。

表 3-3 节约里程数排序表

单位:km

序号	路程	节约里程数
1	C—D	11

序号	路程	节约里程数
2	B—C	9
3	A—E	8
4	A—B	6
5	D—E	6
6	B—E	3

优化后的运输路线如图3-72所示。

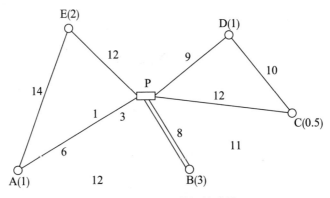

图3-72　优化后的运输路线

如图3-72所示，依次确定了3条路径均符合配送中心的约束条件。

最后选择的方案是使用3辆车，行驶里程共83km，共节约19km。

路径1：2t车，载货量1.5t，行驶里程31km，节约11km。

路径2：4t车，载货量3t，行驶里程36km，节约8km。

路径3：4t车，载货量3t，行驶里程16km，节约0km。

模块二十五：碳排放测算训练

1. 诊断任务

基于模块二十四中所做决策，进一步测算运输节约里程所产生的节约燃油量以及碳排放减排效果。相关结果通过"石油桶"与"植树"的可视化效果展现。燃油和碳排放的节约情况测算如图3-73所示，节约燃油效果换算为"石油桶"场景如图3-74所示，碳减排效果换算为"植树"场景如图3-75所示。

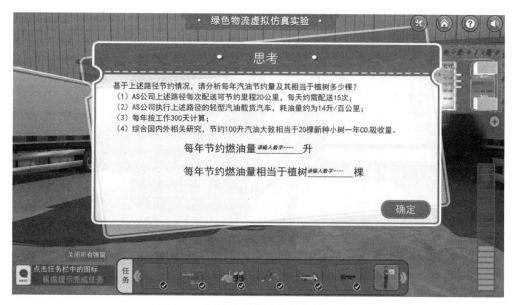

图 3-73　燃油和碳排放的节约情况测算

图 3-74　节约燃油效果换算为"石油桶"场景

图 3-75 碳减排效果换算为"植树"场景

2. 知识点

1) 森林碳汇与碳源

森林碳汇是指森林植物吸收大气中的二氧化碳并将其固定在植被或土壤中,从而减少该气体在大气中的浓度。森林是陆地生态系统中最大的碳库,在降低大气中温室气体浓度、减缓全球气候变暖方面具有十分重要的独特作用。碳汇一般是指从空气中清除二氧化碳的过程、活动、机制。

碳源是指产生二氧化碳之源。自然界中的碳源主要是海洋、土壤、岩石与生物体。另外,工业生产、生活等都会产生二氧化碳等温室气体。它们都是主要的碳排放源。这些碳中的一部分,累积在大气层中引起温室气体浓度升高,打破了大气层原有的热平衡,导致全球变暖,另一部分则储存在碳汇中。

根据《绿色物流指标构成与核算方法(GB/T 37099—2018)》,节约100升汽油大约减排230千克二氧化碳。另外,一棵树每年可以吸收的二氧化碳并没有一个固定值,受到地点、地形、降雨量、生长阶段等众多因素影响。综合国内外相关研究,一棵树每年的二氧化碳吸收量为11.79~100千克。其中,11.79千克指的是一棵新种小树每年吸收的二氧化碳量。鉴于此,节约100升汽油大致相当于20棵新种小树一年二氧化碳吸收量。

2) 石油与能源安全

党的二十大报告中指出,"立足我国能源资源禀赋,坚持先立后破,有计划分步骤实施碳达峰行动""加强能源产供储销体系建设,确保能源安全"。这为我国加快建设能源强国、实现能源行业高质量发展指明了方向。

数据显示，我国2015年的原油进口量为近740万桶/日，首次取代美国成为全球第一大原油进口国。2019年，从国际市场进口石油高达5亿吨，相当于1007万桶/日，进口石油是我国自产石油的两倍多。近年来，我国对进口石油的依赖程度还在不断提高，目前我国使用的石油中，进口的石油占70%左右。美国的石油消耗量当前比我国还要多，但由于美国目前已经成为世界最大产油国，石油自给率较高，美国的石油进口量约为780万桶/日。2022年，我国消费22.52亿吨石油当量，比美国石油消费总量21.70亿吨高出4%，成为全球第一大能源消费国。为保证我国的能源安全，我国政府先后建成中亚油气管道、中俄原油管道、海上油气运输、中缅油气管道和中巴油气管道五大能源战略通道。

石油桶数是常见的原油计量单位。欧佩克组织和英、美等西方国家原油数量通常用桶来表示，中国及俄罗斯等国则常用吨作为原油计量单位。吨和桶之间的换算关系为1吨约等于7桶，如果油质较轻(稀)，则1吨等于7.2～7.3桶。美、欧等国家或地区的加油站，通常用加仑做单位，我国的加油站则用升计价。1桶=158.98升=42加仑。美制1加仑=3.785升。如果要把体积换算成重量，则和原油的密度有关。

3) 温室气体与碳排放

温室气体指的是大气中能吸收地面反射的长波辐射，并重新发射辐射的一些气体，如水蒸气、二氧化碳、大部分制冷剂等。它们的作用是使地球表面变得更暖，类似于温室截留太阳辐射，并加热温室内空气。这种温室气体使地球变得更温暖的影响称为温室效应。《京都议定书》中规定控制的6种温室气体为二氧化碳、甲烷、氧化亚氮、氢氟碳化合物、全氟碳化合物、六氟化硫。温室气体来源多为世界重工业生产、汽车尾气等，温室气体一旦超出大气标准，便会造成温室效应，使全球气温上升，威胁人类生存。因此，控制温室气体排放已成为全人类面临的一个主要问题。在6种温室气体中，二氧化碳在大气中的含量最高，有研究显示二氧化碳是温室效应增强的主要贡献者，所以它成为削减与控制的重点。当测量温室气体排放量时，会考虑一个国家每年在自己的土地上排放到空气中的总排放量，这些排放来自任何以化石燃料为动力的物体，包括使用汽油驱动的汽车、飞行、供暖和照明建筑物，以煤、天然气或石油为动力的设备，以及为工业提供动力的设备。其他来源，如森林砍伐产生的排放，也包括在内。因此，衡量一个国家的碳排放量，实际是指整个国家所有排放的温室气体总量，而不仅仅是二氧化碳的排放量。

各种温室气体排放通常以二氧化碳当量来测算。不同温室气体对地球温室效应的贡献程度不同。联合国政府间气候变化专门委员会(Intergovernmental Panel on Climate Change，IPCC)第四次评估报告指出，在温室气体的总增温效应中，二氧化碳的贡献约为63%，甲烷的贡献约为18%，氧化亚氮的贡献约为6%，其他温室气体的贡献约为13%。为统一度量整体温室效应的结果，需要一种能够比较不同温室气体排放的量度单位，由于二氧化碳增温效应的贡献最大，因此，规定二氧化碳当量为度量温室效应的基本单位。二氧化碳当量关注的是排放。

联合国政府间气候变化专门委员会(IPCC)第六次评估第三工作组报告《气候变化2022：减缓气候变化》指出，2010—2019年全球温室气体年平均排放量处于人类历史上最高水平，但增长速度已经放缓。如果不立即在所有部门进行深度减排，则将全球变暖限制在1.5℃就毫无可能了。第一工作组报告认为，当前气候系统的很多状态在过去几个世纪甚至几千年来都从未出现过。例如，当前大气中的二氧化碳浓度是近200万年以来的最高值；自1970年以来，全球地表气温也是近2000年来最高。这些事实都说明，工业化以来人类活动已经对地球气候系统产生了非常深刻的影响。

国际能源署(IEA)统计数据显示，2020年全球碳排放的最大来源为能源发电与供热占比为43%，其次是交通运输占比26%，以及制造业与建筑业占比17%。在过去的几十年中，全球碳排放总量呈增长趋势。2000—2019年，全球二氧化碳排放量增加了40%。2020年，由于受新冠疫情影响，世界各地区碳排放量普遍减少，全球碳排放量下降至322.8亿吨，同比下降了6.3%，但是2021年，全球人类活动共排放363亿吨二氧化碳，为历史最高水平。研究显示，如果继续保持目前的碳排放水平，全球碳预算有50%的可能性在9年内耗尽。

案例2：中国，负责任大国的碳减排行动

1750—1849年，英国是世界上碳排放最多的国家；1850—2005年，美国是世界上最大的碳排放国，而且比其他国家多得多。2006年，中国超过美国成为世界上最大的碳排放国。数据显示，2021年我国二氧化碳排放量为119亿吨，全球排名第一，占全球二氧化碳总排放量的33%。

2020年，习近平主席在第七十五届联合国大会一般性辩论上宣布，中国将提高国家自主贡献力度，采取更加有力的政策和措施，力争2030年前二氧化碳排放达到峰值，努力争取2060年前实现碳中和。

《联合国气候变化框架公约》第二十七次缔约方大会(COP27)于2021年11月6日在埃及海滨城市沙姆沙伊赫召开。中国气候变化事务特使解振华在COP27上表示，发达国家应尽快兑现1 000亿美元承诺，并提出适应资金翻倍路线图，增进南北互信和行动合力。解振华表示，中方一直以持续的务实行动积极应对气候变化。中国共产党第二十次全国代表大会胜利闭幕，进一步坚定了中方走绿色发展道路的决心，中方坚定

落实碳达峰碳中和目标愿景、积极参与全球气候治理的决心和立场不会后退，更不会改变。

联合国环境规划署发布的《2022年碳排放差距报告》也显示，中国正在采取强有力的政策以达到其在气候问题上的国家自主贡献目标，包括大力发展太阳能与风能、限制煤炭消费量的增长、减少化肥的使用等。该报告指出，中国可再生能源发展继续保持强劲增长势头，到2021年底，太阳能光伏和风电装机容量超过3亿千瓦。同时，中国也在"十四五"期间限制煤炭消费量的增长，计划在"十五五"期间(2026—2030年)逐步减少煤炭消费量。

中国发布了《2030年前碳达峰行动方案》和《关于推进中央企业高质量发展做好碳达峰碳中和工作的指导意见》，具体目标和实施方案涵盖能源、工业、城乡发展、交通、碳汇、技术开发、全国碳排放权交易市场、气候和绿色金融等各个部门。在农业方面，中国长期致力于减少化肥的使用，合成化肥和牲畜粪便的氮排放在过去三年中有所减少。自2005年以来，中国实施了化肥使用零增长的计划，并开展了一项基于确切需求测试土壤和使用化肥的项目。该计划已在100公顷土地上实施，使化肥使用效率提高了5%，粮食产量提高了6%～10%。2020年12月31日，生态环境部公布《碳排放权交易管理办法(试行)》，自2021年2月1日起施行。2021年10月，中共中央、国务院发布《关于完整准确全面贯彻新发展理念做好碳达峰碳中和工作的意见》，指出实现碳达峰、碳中和，是以习近平同志为核心的党中央统筹国内国际两个大局作出的重大战略决策，是着力解决资源环境约束突出问题、实现中华民族永续发展的必然选择，是构建人类命运共同体的庄严承诺。

2022年党的二十大记者招待会上提到，2020年，中国碳排放强度比2005年下降48.4%，超额完成向国际社会所做的承诺目标。2021年，我国煤炭占能源消费总量的比重由2005年的72.4%下降到56%，非化学能源消费比重达16.6%，可再生能源发电装机突破10亿千瓦，风、光、水、生物质发电装机容量稳居世界第一。中国作为世界上最大的发展中国家，将完成全球最高碳排放强度的降幅，用全球历史上最短的时间实现碳达峰到碳中和，充分体现负责任大国的担当。目前，我国人均累计碳排放远不及世界平均水平。2021年，我国1万元GDP排放约1吨二氧化碳，而在20世纪90年代，1万元GDP排放约12吨二氧化碳，这体现了我国在节能减排方面取得巨大进步。

案例3：绿色理念贯穿快件全流程，顺丰多举措推进"零碳未来"

2021年底，顺丰上线绿色碳能量平台，倡导消费者通过选择使用循环包装获得"绿色能量"，可兑换礼品、优惠券等。2022年，顺丰上线并新增了更多减碳场景，将推出更多低碳服务和兑换权益，携手消费者共创低碳生活。2021年6月5日世界环境日，顺丰围绕碳达峰、碳中和目标，发布业内首份《碳目标白皮书2021》，制定了更具雄心的碳减排目标——到2030年实现自身碳效率比2021年提升55%，实现每个快递包裹的碳足迹比2021年降低70%，以推动绿色变革，打造气候友好型快递企业。京东集团对外发布2021年《环境、社会及治理报告》全景展现了京东集团2021年环境、社会及治理表现，并首次参照气候相关财务披露工作组建议框架，从治理、策略、风险管理、指标和目标四个方面展开详细的披露。京东集团充分发挥新型实体企业的"绿色基础设施+减碳技术创新"双核动力，持续提升产业效率的同时，在绿色减碳方面取得了丰硕成果。

(资料来源：文汇报，2022-04-22)

案例4：京东物流的绿色发展与"减碳2030行动目标"

截至2021年底，京东已经完成第一批12座智能产业园的光伏发电系统安装，在全国50多个城市投放了2万辆新能源物流车。京东亚洲一号西安智能产业园获得认证成为我国首个"零碳"物流园区，2021年部分投入使用的京东总部2号楼获得绿色建筑三星级设计标识认证。此外，京东为宝马合肥定制化建设的区域售后备件中心，成为宝马在中国第一个符合LEED认证级标准的售后零件"绿色库房"。京东于2020年提出"到2030年，京东的碳排放量与2019年相比减少50%"的总体目标，在2021年的《环境、社会及治理报告》中分别从绿色运营、低碳供应链、可持续消费等领域提出了"减碳2030行动目标"：到2030年联合合作伙伴搭建行业领先的屋顶光伏发电产能生态体系；到2030年将物流车100%替换更新为新能源物流车；到2030年实现包装材料100%环保可再生；预计到2030年推动80%以上的上游品牌企业开展环保包装研发；到2030年与生态合作伙伴帮助千行百业通过产业数字化转型与升级，提升数字技术的减碳效能。

(资料来源：央广网，2022-05-24)

案例5：立足绿色物流，安能物流全方位推动低碳转型

众所周知，零担快运是建立在车轮上的行业，而传统燃油车的能耗和碳排放都相对较高，因此低碳转型成为行业迫在眉睫的任务。作为行业第一梯队，安能通过加快低碳转型，加强能源管理，调整能源结构，率先减少运营对环境带来的影响。

安能物流的首份ESG报告《2021年环境、社会及治理报告》显示，2021年安能物流在绿色运营、降本增效、供应商及员工管理等多方面取得了良好的成绩。安能在

2020年11月上市之初便在董事会下设立了独立的ESG委员会，形成了董事会、ESG委员会、ESG工作组的ESG三级治理架构，全方位、多角度地贯彻可持续发展理念。

根据公开资料，截至2021年，安能物流已建成一支由约4 000辆大容量干线卡车和4 600余辆挂车组成的自营车队。为了严格管控车队能耗和温室气体排放，安能物流加大管理投入和技术投入，力求降低自身对环境及气候变化产生的影响。ESG报告显示，2021年安能物流的柴油节油量达19 288吨；减少温室气体排放共计60 647吨二氧化碳当量，其中通过节油车辆更替减排量达36 727吨，通过现有车辆升级减排量达20 690吨，通过LNG车型更替减排量达2 287吨，通过线路优化减排量达943吨。同时，光伏发电量达32 000千瓦时，大力推行电子面单所节约的纸张量达208吨。

(资料来源：金融界，2022-06-22)

模块二十六：诊断其他绿色物流手段

1. 诊断任务

对其他能够推动实现绿色物流的7项手段(如智能分仓、前置备货、智能快递柜等)进行诊断，过程如图3-76所示。

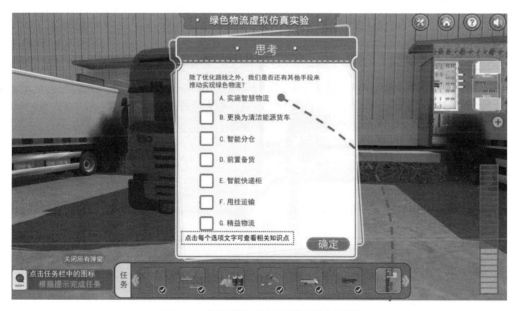

图3-76　其他绿色物流手段的诊断过程

图 3-76　其他绿色物流手段的诊断过程（续）

决策后，传统燃油货车替换为清洁能源货车，如图 3-77 所示。

图 3-77　传统燃油货车替换为清洁能源货车

2. 知识点

（1）智慧物流：IBM 于 2009 年最早提出智慧物流的概念，实施智慧物流指的是通过智能硬件、物联网、大数据等智慧化技术与手段，提高物流系统分析决策和智能执行的能力，提升整个物流系统的智能化、自动化水平。智慧物流可以促进物流管理的合理化，进而降低物流消耗，减少环境影响。

（2）清洁能源车：清洁能源车又称新能源汽车、清洁汽车，是以清洁燃料取代传统汽油的环保型汽车的统称，其特征在于能耗低、污染物排放少，属于环保友好型汽车，包括燃料电池汽车、混合动力汽车、氢能源动力汽车和太阳能汽车等。清洁能源车对环境的影响大为降低，是贯彻可持续发展的策略之一。

截至2021年底，京东物流已经在全国7个大区、50多个城市投放了近12 000辆清洁能源车，在全国建设及引入充电终端数量1 600多个，每年能够减少约 12 万吨的二氧化碳排放。如今，从干线物流货车到终端的快递车，规模化的新能源车队覆盖了京东多种业务场景，其中在北京等重点城市，京东已经将自营城配车辆全部更换为清洁能源车辆。信息显示，截至2019年底，京东物流减少碳排放量23万吨，相当于减少了一个地级市57天的碳排放量。将燃油车替换为清洁能源车并不是终点，京东还在积极探索更多元的清洁能源车模式，以进一步降低对二氧化碳的排放。京东物流是国内首个引入氢能源车的物流企业，为氢能源的落地营造稳定的运营场景。从2021年开始，京东物流又继续探索更加高效、节能的甲醇汽车。

(3) 智能分仓：利用大数据、物联网、集成智能化技术，以及网络通信平台，将商品备货至不同层级仓库，实现备货和配送活动的信息化、智慧化、自动化、快速化。智能分仓对物流仓储分布进行了合理优化，降低了物流带来的环境影响。

(4) 前置备货。为缓解"爆仓"和"慢递"等问题，厂商提前预测消费者所需物品，并将其提前储存在前置仓(靠近消费者的小型仓储单位)中，只要消费者下单，就能以最快的速度把物品送到他们手中。合理的早期预测可以提高物流配送效率，进而减少环境污染与碳排放。

(5) 智能快递柜。智能快递柜是为解决快递员与消费者时间和地点等节点不对称问题而设计的末端投递服务设备，可以自助代收快件，为消费者提供24小时自助取件服务，提高了物流"最后一公里"的配送效率，可以减少配送距离，进而降大气污染和碳排放等环境影响。

(6) 甩挂运输。甩挂运输也称甩挂装卸，是指汽车列车(一辆牵引车与一辆或一辆以上挂车的组合)在运输过程中，根据不同的装卸和运行条件，由载货汽车或牵引车按照一定的计划，相应地更换拖带挂车继续行驶的一种运行方式。甩挂运输既保留了直达行驶的优点，又克服了分段行驶转运时装卸时间过长的缺点。信息显示，中通快递2 270辆高运力甩挂车降低了70%的污染物排放。

(7) 精益物流。精益物流是起源于日本丰田汽车公司的一种物流管理思想，是由精益生产的理念蜕变而来的物流方式。精益物流的核心是追求消灭包括库存在内的一切浪费，并围绕此核心发展的一系列具体方法。精益物流的目标是在准确时间内，把准确数量、准确包装的合格零件配送到准确地点。精益物流往往伴随着多品种、小批量、多批次运输，因此会产生较以往更多的运输污染排放。

第五节 实验考核

模块二十七：考核并提交线上实验成绩

在主界面单击"实验操作"进入"实验考核"，自主完成实验考核流程。实验结束后，单击右上角"提交"按钮，系统提示"确定完成考核模式并上传当前成绩"，如图3-78所示。系统将自动批阅和分析成绩。系统参考国家标准《绿色物流指标构成与核算方法(GB/T 37099—2018)》，归纳为6个实验大类，以蛛网图的形式展现学习效果，如图3-79所示。单击上传按钮自动上传成绩。

图 3-78 系统提示"确定完成考核模式并上传当前成绩"

图 3-79 以蛛网图的形式展现学习效果

模块二十八：提交实验报告

可以根据课程需要选择相应的实验报告提交方式。

采用线上实验平台时，在平台下载实验报告模板，填写后单击"选择文件"上传实验报告，教师批改后可得到"线下报告成绩"，如图3-80所示；采用线下实验时，教师可以直接收取实验报告。

图 3-80　线上提交实验报告

模块二十九：提交总成绩

单击界面中的"提交"按钮，提交总成绩，如图3-81所示。

图 3-81 提交总成绩

第六节 实验结论

模块三十：实验主要结果与结论

(一) 实验主要结果

1. 在物流企业厂区

原始场景如图3-82a所示。

(1) 正确完成全部仿真改造决策后，3D场景如图3-82b所示，仿真体验未来情景下的环保型物流企业。

(2) 未正确完成全部仿真替换决策，将出现各种差异性的绿色化改造结果。

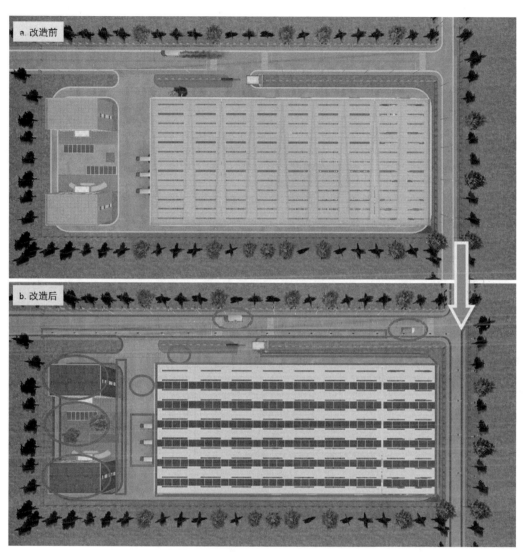

图 3-82　厂区绿色化改造前后的 3D 仿真场景对比（俯视图）

（注：轮廓线表示被绿色化改造的区域）

2. 在物流企业内部

原始场景如图3-83a所示。

(1) 正确完成全部仿真改造决策后，3D场景如图3-83b所示，仿真体验未来情景下的环保型物流企业。

(2) 未正确完成全部仿真替换决策，将出现各种差异性的绿色化改造结果。

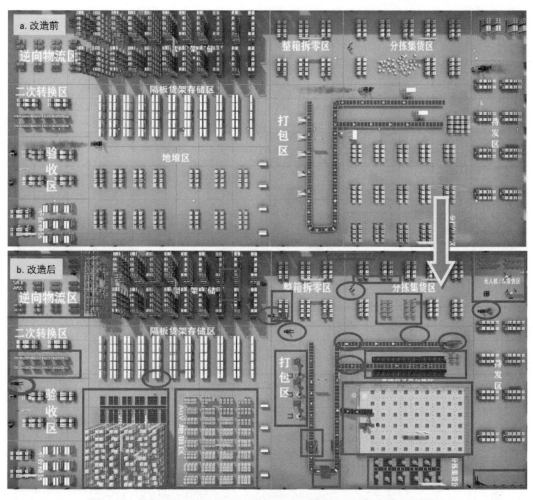

图 3-83 物流企业内部绿色化改造前后的 3D 仿真场景对比（俯视图）

（注：轮廓线表示被绿色化改造的区域）

(二) 实验主要结论

(1) 我国高度重视环境保护，物流污染问题已经上升到国家治理层面。

(2) 物流领域的运输、包装、噪声、绿地、水系统、能源系统、废弃物、物流设备等众多环节都存在环境污染问题，需要实施绿色化改造。

(3) 传统物流设备产生了大量大气污染和温室气体排放，有必要采用无人机、无人车、电动卡车、穿梭车、AGV 等清洁能源自动化设备。

(4) 通过运输路径优化节约里程，可以有效节约燃油，进而减少碳排放。

(5) 物流包装污染问题种类多、领域广，可以采用循环箱、减少油墨使用、采用可降解材料等多种举措降低污染。

(6) 物流噪声、废弃物、粉尘等污染可以通过企业的运营优化达到绿色化效果。

(7) 水系统、能源系统、绿地等的绿色化需要对相关设备和场所进行改建。

(8) 智慧物流、原箱发货等是绿色物流的重要方向。

 读书笔记

第四章
实验练习

1. 传统白炽灯(　　　)绿色物流标准。

　A. 符合　　　　　　　　　　B. 不符合

2. 基于绿色物流理念，传统白炽灯可以替换为方案(　　　)。

　A. 市电路灯，功率：150W；发光效率：110～120lm/W；输入电压：85～265V；功率因数：0.9；电力来源：火力发电；大气污染物排放：存在；温室气体排放：存在

　B. 太阳能路灯，电池组件：晶体硅15-80WP(按负载配置)；工作电压：直流12～24V；照明时间：4～14小时(可调节)；气体污染物排放量：0；温室气体排放量：0

　C. 风光互补路灯，风力发电：300W；太阳能电池板：75W；灯泡功率：75陶瓷金卤灯或80W无极灯、LED灯；蓄电池：100AH免维护；气体污染物排放量：0；温室气体排放量：0

3. 若库区的办公生活区绿地率为10%，那么绿地面积(　　　)绿色物流标准。

　A. 符合　　　　　　　　　　B. 不符合

4. 若绿地率不符合标准，那么园区内绿地面积应(　　　)。

　A. 降低绿地率为5%　　　　　B. 库区绿地率高于20%

5. 可增加绿地的位置有(　　　)。

　A. 地面　　　　　　　　　　B. 墙面

　C. 屋顶

6. 从绿色物流角度看，企业应关注物流活动中的液体污染物有(　　　)。

　A. 废弃机油　　　　　　　　B. 废弃柴油

　C. 废弃汽油　　　　　　　　D. 污水

7. 根据表4-1和图4-1所示数据可判断企业液体污染物排放管理(　　　)。

　A. 有成效　　　　　　　　　B. 无成效

表4-1　液体污染物产生量

单位：L

月份	污水	废弃机油	废弃柴油	废弃汽油	合计
1月份	920	34	35	27	1 016
2月份	1 010	46	23	14	1 093
3月份	1 120	57	35	27	1 239
4月份	1 160	92	47	27	1 325
5月份	1 180	80	58	41	1 359
6月份	1 160	69	47	27	1 302
总计	6 550	378	244	162	7 334

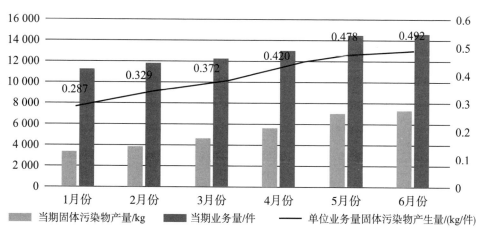

图 4-1 单位业务量固体污染物产生量及趋势

8. 从污染趋势来看，企业(　　)改善固体废弃物管理。

A. 需要　　　　　　　　　　B. 不需要

9. 可行的改善措施有(　　)。

A. 开展清洁生产　　　　　　B. 改变燃料结构

C. 发展物质循环利用工艺　　D. 加强产品和包装的生态设计

10. 该车辆鸣笛为80分贝，车辆鸣笛的音量分贝(　　)绿色物流标准。

A. 符合　　　　　　　　　　B. 不符合

11. 绿色物流标准的音量标准是(　　)。

A. 65分贝以上　　　　　　　B. 55分贝以下

C. 55～65分贝

12. 一辆货车上装载的货物行驶中飘落粉尘，没有苫盖，产生大气粉尘污染。这辆货车是否符合绿色物流标准？(　　)

A. 符合　　　　　　　　　　B. 不符合，需要苫盖

13. 采用传统的气泡膜作为缓冲物(　　)绿色物流标准。

A. 符合　　　　　　　　　　B. 不符合

14. 基于绿色物流理念，可考虑更换缓冲物为(　　)。

A. 气泡卷　　　　　　　　　B. 紧固包装

15. 基于绿色物流理念，逆向物流区还会存放的周转器具有(　　)。

A. 可回收纸箱　　　　　　　B. 漂流箱

C. 共享快递盒　　　　　　　D. 绿色标准箱

E. 青流箱　　　　　　　　　F. 可循环生鲜保温箱

G. 循环箱　　　　　　　　　H. 绿色循环袋

16. 市政自来水浇灌植被，思考如何使自然水资源得到充分利用呢？

_____

_____

17. 基于绿色物流理念，胶带(　　)绿色包装。

　　A. 属于　　　　　　　　B. 不属于

18. 基于绿色物流理念，可以采取的措施有(　　)。

　　A. 免胶带，中国邮政、顺丰、百世快递、苏宁物流等均在全国推广使用

　　B. 窄胶带，宽度小于45毫米

　　C. 宽胶带，宽度大于45毫米

19. 对于一处散乱的货物堆放处，是否建议使用托盘化集装？(　　)

　　A. 是　　　　　　　　　B. 否

20. 基于绿色物流理念，可以考虑更换的托盘类型为(　　)。

　　A. 金属托盘　　　　　　B. 木质托盘

　　C. 纸质托盘　　　　　　D. 塑木托盘

　　E. 塑料托盘　　　　　　F. 生物降解托盘

21. 采用高强度耐破纸箱的包装，是否必须对该商品进行二次包装？(　　)

　　A. 是　　　　　　　　　B. 否

22. 若考虑节能环保，物流企业可以对屋顶采取的举措有(　　)。

　　A. 铺设分布式光伏发电系统　　B. 铺设采光板

　　C. 铺设彩钢复合板

23. 早期传统塑料编织袋是否符合绿色物流标准？(　　)

　　A. 符合　　　　　　　　B. 不符合

24. 从绿色物流角度看，可以由(　　)包装袋替换一次性包装。

　　A. 可循环的RF1D环保袋　　B. 循环帆布袋

　　C. 一次性普通塑料编织袋

25. 为了代替或减少人工，可以采用的清洁能源自动化智能设备有(　　)。

　　A. AGV　　　　　　　　B. 自动化立体库

　　C. 协作机器人　　　　　D. 自动化分拣设备

　　E. 物流无人机　　　　　F. 穿梭车

　　G. 物流无人车

26. 为配置该工作区，应选择( )。

A. 人员手工打包　　　　　　B. 设施智能打包

27. 用途为一次性纸箱，材质为低强度高克重纸张材料，印有大量油墨信息。根据上述分析，你将采取的绿色物流举措有( )。

A. 提升各类循环箱的使用率

B. 减少油墨印刷量或者采用大豆油墨等环保油墨

C. 推动纸箱减重

28. 传统叉车基本信息如下。

叉车类型：轻型

燃料类型：柴油

排放标准：国Ⅲ

额定净功率：120kW

油耗：10升/百千米

行驶里程：约18 000 千米/年

温室气体排放量：4.744吨二氧化碳/年

大气污染物排放量：一氧化碳864kg/年，颗粒物 51.84kg/年

该车辆是否符合绿色物流标准？( )

A. 符合　　　　　　　　　　B. 不符合

29. 基于绿色物流理念，可以考虑将传统叉车更换成( )叉车。

A. 太阳能型　　　　　　　　B. 氢能源动力型

C. 纯电动型　　　　　　　　D. 混合动力型

E. 燃料电池型　　　　　　　F. 内燃机型

30. 如果公司决定采用符合绿色物流理念的某一款或多款叉车更新现有设备时，进一步的做法是( )。

A. 估算采购成本　　　　　　B. 计算设备折旧费用

C. 评估碳税节约情况　　　　D. 考虑企业应承担的社会责任

31. 是否建议绿色物流管理制度与规范上墙？( )

A. 是　　　　　　　　　　　B. 否

32. 目前有一批货物要分别送达A、B、C、D、E5个客户手中，但是运输路线未经测算，请对路线(见图4-2)进行优化，在图4-3中填写相关结果，单独列出配车方案，进而减少运输成本，减少大气污染和碳排放。

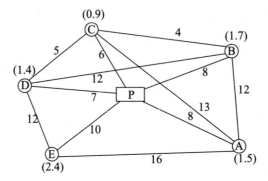

图 4-2 客户分布路线图

最短距离表

	P	A	B	C	D	E
P	—					
A		—				
B			—			
C				—		
D					—	
E						—

节约里程表

	A	B	C	D	E
A	—				
B		—			
C			—		
D				—	
E					—

节约里程数排序表

序号	路程	节约数
1		
2		
3		
4		
5		
6		
7		
8		

绘制行驶路线图

图 4-3 需要填写的优化计算过程

请列出配车方案(每条路线，用几吨车、载多少货，行驶多少千米，节约多少千米的里程)：

_____

_____

_____

_____

_____

_____

_____

33. 基于路径节约情况，请分析每年的汽油节约量及相当于植树多少棵。

(1) AS公司每次配送可节约里程20km，每天约配送15次；

(2) AS公司执行路径的轻型汽油载货汽车，耗油量约为14L/百千米；

(3) 综合国内外相关研究，节约100L汽油大致相当于20棵新种小树一年二氧化碳吸收量；

(4) 每年按照300天计算。

每年节约燃油量(　　　)升，每年节约燃油量相当于植树(　　　)棵。

34. 除了优化路线外，还可以采用(　　　)来推动实现绿色物流。

A. 实施智慧物流　　　　　　B. 更换为清洁能源货车

C. 智能分仓　　　　　　　　D. 前置备货

E. 智能快递柜　　　　　　　F. 甩挂运输

G. 精益物流

35. 请根据表4-2所示数据，在表格中计算填写AS公司 2019 年主要温室气体排放与纯电动 X 型叉车的温室气体排放数据。

提示：(3)=(1)×(2)×a×10^{-2}×b×10^{-3}，其中，微型/轻型汽油载货汽车的每百千米能耗约为14L，则a=14；重型柴油载货汽车的每百千米能耗约为35L，则a=35；轻型柴油叉车的每百千米能耗约为10L，则a=10；1L汽油约重0.725kg，则b=0.725；1升柴油约重0.84kg，则b=0.84。

(4)(5)(6)参见《中国发电企业温室气体核算方法与报告指南》(2014年)

(7) =(3)×10^3×(4)×10^{-9}×(5)×(6)×10^{-2}×44/12，其中，1t=1000kg、1kJ=10^{-9}TJ

(8)(10)(16)排放因子，参见GB/T 37099—2018。

(9) =(1)×(2)×(8)×21×10^{-9}

(11)=(1)×(2)×(10)×310×10^{-9}

表 4-2 AS 公司 2019 年主要温室气体排放与纯电动 X 型叉车的温室气体排放对比分析

物流活动	主要设备	排放标准	车辆数 (1)	行驶里程 km/辆 (2)	化石燃料净消耗量 t (3)	低位发热量 KJ/kg (4)	单位热值含碳量 tC/TJ (5)	燃料碳氧化率 % (6)	化石燃料燃烧产生的CO_2排放量 (tCO_{2e}) (7)	N_2O排放因子 mg/km (8)	化石燃料燃烧产生的N_2O排放量 (tCO_{2e}) (9)	CH_4排放因子 mg/km (10)	化石燃料燃烧产生的CH_4排放量 (tCO_{2e}) (11)	尿素使用量/kg (12)	尿素纯度% (13)	尾气净化过程排放 (tCO_{2e}) (14)	购入电量 MW·h (15)	排放因子 tCO_2/(MW·h) (16)	净购入电力排放 (tCO_{2e}) (17)	设备温室气体排放总量 (tCO_{2e}) (18)
运输	微型、轻型汽油载货汽车	国Ⅲ	3	21 600	—	43 070	18.9	98	—	36	—	83	—	0	—	0	—	—	—	—
运输	微型、轻型汽油载货汽车	国Ⅳ	8	24 000	19.488	43 070	18.9	98	57.003	16	0.065	57	3.392	0	—	0	—	—	—	60.46
运输	重型柴油载货汽车	国Ⅳ	5	36 000	52.92	42 652	20.2	98	163.836	30	0.113	175	9.765	0	—	0	—	—	—	173.714
仓储	照明	—	—	—	—	—	—	—	—	—	—	—	—	—	—	—	75	0.80	—	—
仓储	中央空调	—	—	—	—	—	—	—	—	—	—	—	—	—	—	—	64	0.80	51.2	51.2
仓储	通风设备	—	—	—	—	—	—	—	—	—	—	—	—	—	—	—	56	0.80	44.8	44.8
装卸与搬运	轻型柴油叉车	国Ⅲ	8	18 000	—	42 652	20.2	98	—	15	—	7	—	604.8	32.5	0	0	—	0	—
装卸与搬运	轻型柴油叉车	国Ⅳ	5	18 500	—	42 652	20.2	98	—	15	—	0	—	0	—	0	0	—	0	—
合计		—	—	—	—	—	—	—	—	—	—	—	—	—	—	—	—	0.80	—	—
更换设备	纯电动叉车	—	8	18 000	0	—	—	—	0	—	0	—	0	0	—	0	—	—	—	—

(14)=(12)×12/60×(13)×10^{-2}×44/12×10^{-3}，其中，AS公司所采用的柴油机排气处理液(尿素水溶液)的尿素纯度为32.5%。

(17)=(15)×(16)，其中，根据市场现状，预估纯电动叉车每百千米耗电18kWh，1kWh=10^{-3}MWh

(18)=(7)+(9)+(11)+(14)+(17)

计算结果保留小数点后3位小数，四舍五入。

36. 请根据表4-3所示数据，计算并填写AS公司2019年载货汽车大气污染物排放量。

表4-3 AS公司2019年载货汽车大气污染物排放量统计表

车辆类型	燃料类型	排放标准	车辆数 (1)	行驶里程/ (km/辆) (2)	CO 排放因子/ (g/km) (3)	CO 排放量/g (4)	HC 排放因子/ (g/km) (5)	HC 排放量/g (6)	NO_x 排放因子/ (g/km) (7)	NO_x 排放量/g (8)	$PM_{2.5}$ 排放因子/ (g/km) (9)	$PM_{2.5}$ 排放量/g (10)	PM_{10} 排放因子/ (g/km) (11)	PM_{10} 排放量/g (12)
微型、轻型汽油载货汽车	汽油	国Ⅲ	3	21 600	5.61		0.610		0.534		0.011		0.012	
	汽油	国Ⅳ	8	24 000	2.37	455 040	0.169	32 448	0.229	43 968	0.006	1 152	0.007	1 344
重型载货汽车	柴油	国Ⅳ	5	19 200	2.2	396 000	0.129	23 220	5.554	999 720	0.138	24 840	0.153	27 540
载货汽车大气污染物排放总量					CO		HC		NO_x		$PM_{2.5}$		PM_{10}	

提示：(3)(5)(7)(9)(11)排放因子，参见GB/T 37099—2018；(4)=(1)×(2)×(3)；(6)=(1)×(2)×(5)；(8)=(1)×(2)×(7)；(10)=(1)×(2)×(9)；(12)=(1)×(2)×(11)。

计算结果保留3位小数，四舍五入。

37. 请根据表4-4所示数据，计算并填写AS现有叉车与纯电动X型叉车的大气污染物排放量。

表4-4 AS现有叉车与纯电动X型叉车的大气污染物排放量对比

车辆类型	排放标准	额定净功率/kW (1)	车辆数 (2)	使用时间/h (3)	CO 排放因子/ (g/kW·h) (4)	CO 排放量/g (5)	HC 排放因子/ (g/kW·h) (6)	HC 排放量/g (7)	NO_x 排放因子/ (g/kW·h) (8)	NO_x 排放量/g (9)	PM 排放因子/ (g/kW·h) (10)	PM 排放量/g (11)
轻型柴油叉车	国Ⅲ	120	8	1 440	5.0		—		—		0.30	
	国Ⅳ	350	5	1 800	3.5		0.19		2.0		0.025	
柴油叉车大气污染物排放总量					CO		HC		NO_x		PM	
纯电动叉车	—	—	8	1 440	—	0	—	0	—	0	—	0

提示：(4)(6)(8)(10)排放因子，参见GB/T 37099—2018；(5)=(1)×(2)×(3)×(4)；(7)=(1)×(2)×(3)×(6)；(9)=(1)×(2)×(3)×(8)；(11)=(1)×(2)×(3)×(10)。

计算结果保留3位小数，四舍五入。

38. 传统面单是否需要更换为物流电子面单？（　　）

A. 不需要更换为电子面单　　　B. 需要更换为电子面单

39. 非环保材料的包装是否符合绿色物流标准？（　　）

A. 符合　　　B. 不符合

40. 可以考虑将包装袋替换为（　　）。

A. 生物降解塑料袋　　　B. 循环包装袋

41. 基于绿色物流理念，纸质版发票是否有必要进行优化？（　　）

A. 不必要　　　B. 有必要调整为电子发票

42. 你认为本阶段应该考虑的绿色物流举措有（　　）。

A. 提升各类循环箱的使用率

B. 减少油墨印刷量或者采用大豆油墨等环保油墨

C. 动纸箱减重

43. 以下几种运输方式中，（　　）运输方式的单位能源消耗及大气污染最严重。

A. 铁路　　　B. 公路

C. 航空　　　D. 管道

44. 下列不属于企业物流活动产生的固体废弃物的是（　　）。

A. 废钢铁　　　B. 废包装

C. 废纸箱及废纸　　　D. 废气

45. 不属于一次性塑料编织袋的缺点的是（　　）。

A. 塑料降解周期短　　　B. 无法循环使用

C. 环保性差　　　D. 焚烧时产生有害气体

46. 以下关于绿色物流管理价值的叙述中，不正确的是（　　）。

A. 实体价值　　　B. 概念价值

C. 科技价值　　　D. 生态价值

47. 《京都议定书》中规定控制的温室气体是（　　）。

A. 二氧化碳　　　B. 一氧化碳

C. 甲烷　　　D. 氧化亚氮

E. 氢氟碳化合物　　　F. 全氟碳化合物

G. 六氟化硫

48. AGV搬运机器人最常见的引导方式为_____、_____、_____、_____、_____和_____。

49. 分布式光伏发电遵循_____、_____、_____、_____的原则，充分利用当地太阳能资源，替代和减少化石能源消费。

50. 中国邮政集团围绕_____、_____、_____、_____四大计划，开展绿色标准箱建设。

51. 请说明进行企业物流过程中，温室气体排放核算的主要工作流程。

52. 请列举绿色物流中，逆向物流区的周转器具。

53. 托盘化集装的优点有哪些？

# 读书笔记

参考文献

[1] 国家市场监督管理总局，中国国家标准化管理委员会.绿色物流指标构成与核算方法：GB/T 37099—2018[S].中国质检出版社，2018.

[2] 环境保护部，国家质量监督检验检疫总局.声环境功能区划分技术规范：GB/T 15190—2014[S].北京：中国环境出版社，2015.

[3] 环境保护部，国家质量监督检验检疫总局.工业企业厂界环境噪声排放标准：GB 12348—2008[S] 北京：中国环境出版集团，2019.

[4] 中华人民共和国住房和城乡建设部，中华人民共和国国家质量监督检验检疫总局.物流建筑设计规范：GB51157—2016[S].北京：中国建筑工业出版社，2016.

[5] 国家市场监督管理总局，中国国家标准化管理委员会.物流术语：GB/T 18354—2021[S].北京：中国标准出版社，2021.

[6] 许笑平.绿色物流的发展障碍与推进策略[M].北京：清华大学出版社，2012.

[7] 郭慧馨，陈恒，沈玲.泛北京地区绿色物流体系的构建研究[M].北京：中国财富出版社，2013.

[8] 章竞，汝宜红.绿色物流[M].北京：北京交通大学出版社，2018.

[9] 王喜富.城市绿色智慧物流[M].北京：电子工业出版社，2018.

[10] 章竟.绿色物流案例[M].北京：北京交通大学出版社，2019.

[11] 孙学军.绿色物流理论与实践[M].北京：科学技术文献出版社，2020.

[12] 谈留芳.我国绿色物流发展中的制约因素及对策[J].全国流通经济，2017(01)：37-38.

[13] 王长琼，李顺才.绿色物流[M].北京：中国财富出版社，2021.

[14] 周为群，杨文.现代生活与化学[M].苏州：苏州大学出版社，2016.

[15] 黄胜文.拨开雾霾看家电包装变革思路[J].上海包装，2017，273(06)：5-9.

[16] 中国纸箱行业已超美国成全球第一[J].广东印刷，2019，196(04)：63-64.

课程资源申请表

姓名		职务		
大学/学院		系/科		
学校邮箱		是否为双高院校		
手机		通信地址		
申请的课程资源:绿色物流虚拟仿真实验系统 ☐ 加入虚拟教研室 ☐ 超星"示范教学包" ☐				
学生人数		学期起止日期时间		
学院/系/科教学负责人电话/邮件/研究方向： (请在此处标明学院/系/科教学负责人电话/邮件并加盖公章)				
教材购买由 我☐　　我作为委员会的成员☐　　其他人☐(姓名：　　　　) 决定。				

本课程资源申请邮箱：875683073@qq.com

联系电话：13810280602

虚拟教研室QQ群：700143920